ERA UM GAROTO
O SOLDADO BRASILEIRO DE HITLER

ERA
UM
GAROTO
O SOLDADO BRASILEIRO DE HITLER

TARCÍSIO BADARÓ

ERA UM GAROTO

O SOLDADO BRASILEIRO DE HITLER

2ª reimpressão

VESTÍGIO

Copyright © 2016 Tarcísio Badaró

Todos os direitos reservados pela Editora Vestígio. Nenhuma parte desta publicação poderá ser reproduzida, seja por meios mecânicos, eletrônicos, seja via cópia xerográfica, sem a autorização prévia da Editora.

GERENTE EDITORIAL
Arnaud Vin

EDITOR ASSISTENTE
Eduardo Soares

PREPARAÇÃO
Eduardo Soares
Renata Silveira

REVISÃO
Renata Silveira

PROJETO GRÁFICO
Diogo Droschi

CAPA
Diogo Droschi (Sobre imagem de Fred Ramage/Hulton Archive/Getty Images)

DIAGRAMAÇÃO
Larissa Carvalho Mazzoni

Dados Internacionais de Catalogação na Publicação (CIP)
Câmara Brasileira do Livro, SP, Brasil

Badaró, Tarcísio
  Era um garoto – O soldado brasileiro de Hitler / Tarcísio Badaró. – 1. ed. – 2. reimp. – São Paulo : Vestígio, 2020.

  ISBN 978-85-8286-328-2

  1. Guerra Mundial, 1939-1945 - História 2. Guerra Mundial, 1939-1945 - Participação brasileira 3. Memórias 4. Prisioneiros de guerra I. Título.

16-07277   CDD-940.540981

Índices para catálogo sistemático:
  1. Soldado brasileiro : Segunda Guerra Mundial:
       Memórias : História   940.540981

A **VESTÍGIO** É UMA EDITORA DO **GRUPO AUTÊNTICA**

São Paulo
Av. Paulista, 2.073, Conjunto Nacional,
Horsa I . 23º andar . Conj. 2310-2312
Cerqueira César . 01311-940 São Paulo . SP
Tel.: (55 11) 3034 4468

Belo Horizonte
Rua Carlos Turner, 420
Silveira . 31140-520
Belo Horizonte . MG
Tel.: (55 31) 3465 4500

www.editoravestigio.com.br

Para Bruna

PREFÁCIO

UM LIVRO PODEROSO

Algumas histórias são tão boas e fascinantes que parecem fruto da mais pura imaginação.

Este é o caso do que se conta neste livro. A história do garoto brasileiro que, morando em Berlim, na Alemanha dos pais, vai à padaria e se vê recrutado à força para servir ao exército nazista é daqueles enredos que te prendem de imediato. Ao escutá-la pela primeira vez, quando ainda era apenas um projeto, não tive dúvidas de dizer ao autor: isso tem tudo para ser um grande livro. E é.

O jornalista Tarcísio Badaró tem faro e talento para boas reportagens, além de um ingrediente nem sempre disponível a todos os profissionais do ramo: sorte. A partir de um pequeno diário caindo aos pedaços que lhe chegou às mãos por acaso, depois de décadas de ostracismo, ele escreveu uma história que reúne aventura, drama, relatos de guerra, anotações de viagem e sentimentos humanos variados. Horst Brenke, o nosso garoto em questão, deixou um registro cru e emocionante, todo escrito em alemão e letra bem miúda, que jamais havia sido lido antes. Com ele, vamos direto ao cenário da 2ª Guerra Mundial em seus momentos finais, em um mundo destroçado pela barbárie, onde ainda há mortes e sangue em demasia.

A saga de Horst Brenke inclui a prisão nos famigerados campos russos, o trabalho escravo em condições perversas, a vida como indigente na Itália. Para nos contar essa história, Tarcísio Badaró fez um primoroso dever de casa: visitou arquivos alemães e russos, consultou historiadores e fontes diversas, leu tudo sobre a guerra e entrevistou os filhos, amigos e a própria viúva do personagem. E fez mais: foi à Europa e empreendeu o mesmo percurso anotado por Horst em seu diário, 71 anos antes, passando por cidades e lugarejos de nove países. O resultado é este livro poderoso, revelador do quanto o bom jornalismo ainda pode nos surpreender em contextos saturados de informação.

A verdade é que essa é uma história que merecia ser contada, vivida por gente de carne e osso, com seus sonhos arrancados e brutalizados em um dos períodos mais tristes de nosso tempo. Para nossa sorte, muitos se safaram para contar o que viram e sofreram. Este livro fala, acima de tudo, de sobrevivência. De esperança. Do desejo de continuar vivo e lúcido diante de um mundo nem sempre compreensível. É o bastante para nos comover.

José Eduardo Gonçalves[*]

---

[*] Jornalista, editor, escritor e curador do projeto literário Ofício da Palavra.

_A base para a investigação desta história foi o diário que um garoto chamado Horst Brenke manteve dos 18 aos 20 anos. Esse diário sobreviveu à guerra e ao tempo, o que, lamentavelmente, não ocorreu com seu autor. Eu não conheci Horst Brenke. Nunca ouvi sua voz. Mas espero ter sido o mais preciso e cuidadoso possível com sua história.

HALBE, ALEMANHA. 28 DE ABRIL DE 1945

NO DIA em que Horst Brenke reencontrou a morte, fazia um tempo aprazível. O sol lhe aquecia a pele sob a barba rala, e o vento o atingia sem força suficiente para mover seus cabelos partidos de lado, cujos fios loiros estavam escurecidos pelos dias sem banho. A floresta, ao longe, perdera o manto branco da neve. Parecia silenciosa e fria. Era primavera.

A noite anterior fora de calmaria para o 9º Exército alemão. Caminhara-se muito e incessantemente, como de costume; do mesmo modo, Horst e quase todos os outros soldados praguejaram o tempo inteiro. Lamentavam a má sorte de terem caído no meio daquela guerra que pouco compreendiam, e mais ainda o caminho que ela tomara. Às vezes, maldiziam em voz alta. Cuspiam. Ansiavam por um fim. As entranhas ulceravam. O humor do chefe então... Consumira-se todo ao longo da floresta.

Na maior parte da noite, no entanto, houve um silêncio agoniante. Marchando próximo aos granadeiros, Horst observava, nas pausas, eles se sentarem e imediatamente caírem no sono. O chão de musgo verde-escuro da floresta às margens do Spree era fofo, os pinheiros formavam corredores tão capazes de provocar miragens quanto um oásis. O corpo doía. As pálpebras pesavam. Logo tornava a caminhar.

As notícias chegavam constantemente, e não eram nada boas. Diziam que os russos já haviam cercado Berlim. Suspeitava-se da derrota e, com isso, sentiam-se o perigo e a fragilidade da vida. Os homens sabiam que seu armamento era inferior ao do inimigo. Faltavam combustível, soldados e, muitas vezes, coragem. Ninguém mais parecia acreditar na arma secreta de que tinham ouvido falar algumas vezes. Já não acreditavam em coisa alguma. A ordem era combater até o último homem cair, mas já tomava conta o sentimento de que nada daquilo fazia sentido.

Horst era exemplar perfeito da maioria dos soldados que marcharam a noite toda numa luta contra o sono e o cansaço para permanecer de pé: um rapazote sem nenhuma instrução militar, laçado à revelia e enviado para a guerra quando o Terceiro Reich percebeu que a situação havia desandado, no início de 1945. Passados três meses da vida de soldado, Horst já não via tudo com a inocência de seus 18 anos. Por algum tempo, tivera a impressão de que a guerra poderia ser até divertida se pessoas não estivessem morrendo. Conviver com homens durões, manejar uma arma, cruzar florestas e montanhas, viver aventuras e, um dia, voltar para casa cheio de histórias para contar. Mas não. Pessoas morrem de verdade. E só têm uma vida para morrer.

O grupo de que Horst fazia parte, um rescaldo de soldados reunidos pela floresta, já havia sido ultrapassado pela frente soviética. Eram, com isso, retardatários, cercados em um bolsão na floresta, mas com esperança de atravessar por uma brecha entre as linhas soviéticas. Por vezes, grupos como aquele combateram na retaguarda, o que despertou a ira do exército russo, que passou a caçá-los como quem cata migalhas indesejadas, restos de um serviço malfeito. Os alemães queriam seguir para o oeste a fim de se juntar ao 12º Exército. Falava-se do plano de reunir forças mais à frente para resistir, encarando o inimigo em Berlim. Mas muitos homens apenas desejavam se render aos americanos e evitar a morte por um tiro de Shpagin ou serem feitos prisioneiros russos, o que para eles significava o mesmo. A caminhada, portanto, assemelhava-se a uma fuga. Mas era mais complicada.

Na manhã do dia 28 de abril, o plano era combater em um vilarejo chamado Halbe, na região do Mark, cerca de cinquenta quilômetros ao sul de Berlim. Os russos se aproximariam pela estrada a leste, e o intuito era impedi-los, desgastando e atrasando os invasores. Horst e outros dois homens foram designados para proteger uma área de cerca de cem metros ao sul e nas costas da cidade. Lá havia uma leiteria e uma fábrica de manteiga, ambas abandonadas, que serviriam de bom abrigo. Foi onde se instalaram. A manhã passou rápida e tranquila. A brisa do início da tarde insinuou-se agradável, as folhas no topo dos pinheiros estalavam com o vento. Por volta das duas horas, o ruído ainda distante aumentou. Horst seguiu tranquilo. Suava dentro do uniforme, piscava pouco por trás das lentes grossas dos óculos. Estava acostumado ao som da guerra que sempre se avizinhava mas quase nunca chegava. Não intuía nada de especial. Ainda ouvia o estalo das folhas ao vento. De repente, o fogo o surpreendeu.

Granadas estouraram sem pausa. Terra voou pelos ares. Fogo. Pedras. Poeira. O barulho parecia dentro de suas cabeças. A sequência rápida de granadas deu lugar a bombas espaçadas e graves. O ciclo se repetiu. Seguiam rajadas de metralhadoras. Ouviam-se os inimigos chegando. Tambores rufavam.

Horst deitou-se, aguardando. Também sem anúncio, a agitação se desfez. Pareceu-lhe ter durado duas horas. Ainda deitado, nariz no chão, Horst sentia o cheiro da terra. Parecia podre. E várias eram as possíveis causas. Talvez o sujo que se esvai com a vida dos homens mortos na guerra tivesse seguido curso por ali. Talvez fosse apenas obra de sua cabeça. Ele, no entanto, era tomado de uma alegria. As bombas tinham parado de explodir, o ataque cessara, e isso significava que fora poupado. Reuniu-se com os outros na leiteria e, em silêncio, os três partilharam o mesmo sentimento de alívio. Uma nova explosão jogou a chaminé da leiteria e a esperança dos rapazes pelos ares. Eles correram para o porão, onde se abrigaram.

A trezentos metros dali, um canhão antitanque no alto da colina ar-remessava bombas que atingiam indiretamente a leiteria. A arma emitia um som agudo e penetrante no lançamento. A cada tiro, uma chuva densa de pedras caía sobre os três, seguida de uma nuvem gigantesca de poeira. Eles ainda tinham impressão de segurança, até que um amon-toado de pedras despencou, quase fechando a saída do porão.

– Nós vamos ficar presos aqui – disse um dos rapazes.

– É melhor procurar abrigo na casa.

Eles aguardaram o próximo tiro e, assim que a poeira baixou um pouco, saíram aos pulos, atravessaram a rua e se meteram no porão da casa à frente. Foi uma boa decisão. Nenhuma bomba poderia alcançá-los ali. Depois de um bom tempo, viram o fogo cessar nova-mente. A esperança começava a voltar.

– Nós devemos permanecer aqui abrigados – começou a falar Horst, que tinha esperança de, em algumas horas, ser resgatado por companheiros. Vozes lá fora o interromperam.

Ouviam-se passos e conversas. Cada vez mais altos. Os três se concentraram, mas não entenderam nada. Maldição. Não falavam alemão. As vozes ficavam mais próximas. Não havia mais dúvida.

– São os Ivans – disse um deles. Os russos se encontravam na cidade.

"E agora? Estamos perdidos. Sem salvação", Horst disse a si mesmo. "Pense, rapaz, você sempre foi cheio de ideias. Encontre uma agora!"

Uma salva de tiros no chão da casa o interrompeu.

"Como se diz 'não atirem' em russo?!", pensou.

– Nie Strelatsch! – gritou um dos companheiros.

Um deles falava russo. Que sorte danada!

– Nie Strelatsch! – disse novamente o sujeito, um grandalhão sisudo, não muito mais velho que Horst e, pelos olhos empedrados, tão assustado quanto ele.

De fora da casa, convidaram:

– Venham! Venham, camaradas! Venham!

O outro rapaz abriu a porta do porão. Nenhum deles ousou sair. Eles sabiam muito bem o que os aguardava. Tinham escutado infinitos relatos sobre a crueldade dos russos. Horst sabia do risco desde que fora designado para aquela missão. Raios, por que não tivera a sorte de combater contra os americanos, que ainda conservavam algum grama de humanidade? Quando se está muito perto da morte não se pensa nela como uma palavra. Ela é apenas um fato. E passa a ser tão insignificante quanto a vida.

Os rapazes criaram coragem e, um a um, foram deixando o porão. Seus olhos miraram um grupo de dez a quinze soldados russos armados com pistolas-metralhadoras e prontos para atirar. Estavam barbeados. Um russo se adiantou e iniciou uma revista superficial, em busca de armas, munição e relógios. Os três ficaram sem os relógios.

Para a surpresa geral, nenhuma bala os atingiu. Foram feitos prisioneiros e, ainda mais surpreendentemente, bem tratados. Ganharam cigarros – um maço de Stambul cada um. Havia tempo não fumavam nada semelhante. Fumaram. Tinham 24 bons cigarros.

Conduzidos novamente ao porão, aboletaram-se na mesa repleta de panelas sujas e abandonadas às pressas. Havia potes de conserva numa estante e outros despedaçados no chão. O comissário russo se aproximou e deu ordens. Montaria ali um posto para comandar a operação, já que o combate continuava em outros pontos do vilarejo.

Era um homem macilento, de olhos pequenos, rosto quadrado e talhado com traços graves; tinha também uma lustrosa careca alva. Virou-se para os três e iniciou um diálogo. O companheiro que falava russo se esforçou. Arregalou os olhos quando ouviu o nome do homem a sua frente.

– Ivan Konev.

Horst e o outro entenderam e sentiram o mesmo frio na espinha. O russo pareceu notar. O que falava russo explicou a reação. Sabiam quem era o Marechal Ivan Konev, um dos principais homens de Stalin, que travava uma competição particular com a tropa comandada pelo Marechal Georgy Zhukov para tomar Berlim primeiro – e que mostrava melhores resultados entrando pelo sul da Alemanha, após atravessar o Rio Oder como um trator e atropelar tudo e todos que encontrou pela frente. Horst observava o companheiro falar, os gestos dele explicavam tudo. Contava que conheciam a reputação dos inimigos. Haviam ouvido as histórias no *front*. Os Ivans sabiam ser cruéis. Konev ouviu atentamente até o fim, depois desatou em risos. Logo deixou os três e foi dar ordens a seus comandados.

No início da noite, já não se ouvia nenhum tiro do porão. Cessou quando a escuridão ganhou o céu. Um russo guiou os três prisioneiros até uma dispensa no fundo da casa e os trancou. Sentaram-se no chão. O barracão de alvenaria tinha a janela fechada e já estava tomado pela escuridão. Horst, de frente para o que falava russo, perguntou:

– Onde você aprendeu a falar russo?

– Eu não falo russo – disse ele, sem dar muita atenção.

– Mas o que você disse a eles lá dentro?

– "Não atirem."

– Em russo?

– Em polonês. Eu sou polonês. Poloneses e russos se entendem ao falar.

– Que sorte eles terem entendido.

Dormiram por cerca de uma hora até serem despertados. O mesmo soldado russo que os havia trancado trouxe uma panela com sopa, que os três tomaram, sorvendo apressados, cada um com sua colher. Saciados, sentiram sede e pediram água. Outro russo, que recolhia a sopa, os rechaçou rudemente. Ao gesticular, deixou ver três relógios num mesmo pulso.

"Meu Deus", disse Horst consigo. "Vai começar. Aquele tratamento de antes foi apenas momentâneo". Mas logo o primeiro russo entrou com outra panela e indicou que era algo para beber. O sujeito sorria. No primeiro gole, Horst identificou: chá preto. E bem adoçado. Não tomara nada parecido em todo o tempo de guerra. Tomaram os três até se saciarem, depois encheram os cantis. Ali foram deixados e adormeceram.

Choveu durante boa parte da noite. Pela manhã, bem cedo, foram acordados e levados para fora da casa. O chão ainda estava molhado. Os três caminharam até um descampado próximo à estrada, onde se juntaram a centenas de outros prisioneiros alemães. Partiram em marcha. Para onde, não faziam ideia.

CURITIBA,
BRASIL.
20 DE JUNHO
DE 1926

HORST BRENKE tinha nome e sobrenome alemães, mas era brasileiro. Nasceu no começo da manhã de um sábado, 20 de junho de 1926, pelas mãos da avó, na casa em que a família vivia, em Curitiba, no Paraná.

Seus pais, Richard e Margarete Brenke, se conheceram seis anos antes, durante um evento esportivo em Düsseldorf. Eles, sim, eram alemães. Richard era um sujeito alto, de rosto oval e olhar vazio; Margarete, uma loira esguia e de olhos muito azuis, cuja personalidade estava estampada no maxilar grave e quadrado. Ele dava braçadas nas piscinas; ela era atleta do tênis. Os dois logo se apaixonaram, mas logo também descobriram viver um amor proibido.

Richard Robert Brenke nascera em Berlim, em 1902. Era o único filho homem de Richard Brenke e Wanda Czasch e, assim como os pais, protestante e pobre. Quando pequeno, via o pai sair muito cedo de casa, se equilibrando na charrete e tocando um cavalo cansado, para entregar leite pela vizinhança. Muito cedo o entregador de leite se foi, e o filho passou a viver com a mãe e a irmã no sótão de um pequeno prédio próximo à linha férrea, no bairro de Moabit. Wanda costurava o dia inteiro, enquanto Richard aprendeu o ofício de torneiro mecânico; viviam com dificuldade.

Margarete Birkenfeld, a quem todos chamavam de Gretchen, completara vinte anos e era a quarta das cinco filhas de Wilhelm e Margarethe Birkenfeld. Seu pai era um alemãozão de origem prussiana, trabalhador de indústria e filho de minerador, cuja barba ruiva se destacava no alto de seus quase dois metros de altura; a mãe, nascida Margaretha Nicolay, era uma parteira de ascendência russa, baixinha e dona de uma alegria mais típica do povo da Baviera que da Renânia. Os Birkenfeld moravam em Mülheim an der Ruhr, próximo a Düsseldorf, e se apegavam à fé católica para amainar a dor de terem perdido os três filhos homens na Primeira Guerra Mundial. Isso significava que Richard Brenke era bem diferente do que desejava o pai de Gretchen – que já havia, inclusive, encontrado o pretendente adequado para a filha, isto é, rico e católico, como ele.

O amor proibido gerou no jovem casal a ideia mais clichê na história das paixões: fugir juntos. Wilhelm Birkenfeld, contando então 63 anos e certamente influenciado pelo incidente que custara a vida de sua segunda filha, Wilhelmina – cuja morte creditavam a amores mal vividos –, viu no delírio amoroso de Gretchen o incentivo para se definir por um plano drástico. Havia algum tempo arquitetava, naqueles complicados anos pós-Primeira Guerra, vender tudo o que tinha e partir para o outro lado do mundo, um lugar sem a nuvem fúnebre da Alemanha devastada e em crise. Já fizera algo parecido em 1910, quando fora com a família viver na África, onde a esposa prestava serviços ao governo alemão e seu imperialismo, e os Birkenfeld se envolveram na mineração de diamantes na Namíbia. Em 1921 o destino seria outro: o Brasil.

No final de outubro daquele ano, os Birkenfeld embarcaram no vapor *Cuyabá* rumo ao porto do Rio de Janeiro, aonde chegaram em 30 de novembro. Wilhelm tinha comprado terras a perder de vista no Sul do país, região em que se formava uma imensa colônia alemã. Ele levou consigo equipamentos modernos de agronomia, móveis, louças, prataria, gramofone, baús e mais baús de roupas femininas, sapateiros, a esposa, as três filhas solteiras, a filha casada – com marido e seis crianças pequenas –, e Richard Brenke.

Margarete confirmara as pretensões de fugir, e jurara que só não o faria se Richard estivesse naquele navio que partiria para a América do Sul. O pai percebeu que a geniosa menina falava sério. Diante da determinação inconsequente da filha, teve que optar pelo que considerou um mal menor: levar o protestante para o Brasil. Talvez Wilhelm tenha intuído que o próprio Brenke desistiria de Margarete com a iminência da viagem. Se assim pensou, se enganou.

Enganou-se novamente, ou melhor, descobriu-se enganado, quando desembarcou no Brasil. De nada adiantava o mapa das terras, os nomes a procurar, muito menos todo o dinheiro entregue ao intermediário na Alemanha. As terras a perder de vista compradas no Brasil nunca poderiam ser vistas, afinal, não existiam. Haviam caído em um golpe.

O trauma derrubou Wilhelm Birkenfeld. Velho e humilhado, vendo desamparadas a esposa e as filhas, prostrou-se, definhou e faleceu pouco tempo depois, em condições e data não muito bem esclarecidas, em algum lugar entre Santa Catarina e o Paraná. Johann Wilhelm Birkenfeld morreu de tristeza, houve quem garantisse, e assim contariam seus descendentes. Sorte dele que trouxera Richard. O Brenke taciturno e sem instrução era agora o homem da família, juntamente com Heinrich Pieper, marido de Elizabeth, a mais velha dos oito filhos que tiveram Wilhelm e Margarethe Birkenfeld.

Richard e Gretchen se casaram no quinto dia de maio de 1922, numa capela franciscana na cidade de Porto União, Santa Catarina. Heinrich e Elizabeth foram testemunhas do matrimônio. No registro da igreja, Richard e Gretchen já atendiam "à brasileira" como Ricardo e Margarida; Heinrich também se tornara Henrique. Por duas vezes, foi referido no caderno paroquial que se tratava de um noivo protestante.

Horst só nasceu quatro anos depois, quando todos já viviam em Curitiba. No cartório, o tabelião exigiu um segundo nome para fazer companhia ao Horst e ao Brenke, que gravou equivocadamente como Brenck. Horst ganhou forçadamente um Ewaldo como nome do meio, em homenagem ao homem que seria seu padrinho de batismo. Ewaldo Pechtel se casou dali a poucos meses com a irmã caçula de Gretchen, Sophia. Maria, a outra irmã, também se casou na mesma oportunidade, com Otto Faber. Sem motivo claro, Horst levaria certa antipatia do novo nome, representando-o em sua assinatura por "E." quase sempre.

Responsável pelo parto do neto, Margarethe Birkenfeld já havia estabelecido, em 1926, sua posição como parteira na cidade. Em 1930, seria uma das passageiras do primeiro zepelim que voou pelo Brasil, numa clara mostra da sua natureza aventureira e lúdica. Antes disso, aprendeu a gostar de Richard.

Não foi preciso muito esforço para ver as qualidades do genro. A forma como ele tratava a esposa, o perfil trabalhador e responsável, e os modos educados embora arredios fizeram boa parte do serviço. Além disso, havia um dote especial. Margarethe Birkenfeld gostava de ouvir valsas em casa. Quase todo início de noite, após o jantar, ligava o gramofone trazido da Alemanha e se deixava levar. Richard se oferecia para conduzi-la. Os dois costumavam dançar sob o chiado rouco da agulha, enquanto Gretchen admirava a cena, ninando Horst.

Certo dia, o garoto ainda pequeno, Richard e Gretchen se entusiasmaram em participar de um evento na cidade. A avó incentivou o casal, garantindo cuidar do neto. Richard ficou pronto bem antes da esposa e recebeu elogios da sogra. Usava seu melhor terno, e, aos olhos de Margarethe, a boa intenção superava a má qualidade do pano e o desleixo nas mangas e no colarinho. Os dois dançaram enquanto aguardavam. Gretchen apareceu metida em um longo vestido de cetim, usava luvas e chapéu. Os dois partiram e se divertiram muito. Quando voltaram, a casa estava silenciosa. Horst dormia no quarto. Margarethe adormecera no sofá da sala, os óculos lorgnette ainda sobre o nariz. Gretchen aproximou-se da mãe para acordá-la, mas ela não acordou.

Um tempo depois da morte de Margarethe, os Brenke partiram para Belo Horizonte. Lá, Horst ganhou uma irmãzinha. Em 26 de junho de 1934, nasceu Maria do Carmo Brenke, um bebê desconcertantemente bonito, com olhos azuis e ralos cabelos loiros. Os Brenke se mudaram para uma casa amarela de dois andares, na Rua Aimorés, na Serra, um bairro de operários próximo ao Centro. Logo nos primeiros dias, Horst saiu à rua com suas calças curtas e camisa de algodão e se aproximou do grupo de garotos que usava um pedaço de pau em forma de ípsilon para arremessar pedras nos pássaros. Os atiradores estranharam a indumentária do forasteiro, notando o zelo com que se vestia; um deles o convidou para a brincadeira. Chamava-se Flávio, tinha alguns anos a menos que Horst, quase o mesmo tamanho e o dobro da desenvoltura.

Flávio Vieira morava no número 291, do outro lado da rua, com a mãe, uma viúva também descendente de alemães, e doze irmãos. Horst ainda tentava se familiarizar com o bodoque quando Margarete saiu à porta para chamá-lo. Flávio se virou e viu aquela mulher loira reluzindo sob o sol que se punha detrás da Serra do Curral; ela se vestia de um jeito incomum, falava de modo diferente; ele concluiu que se tratava de uma rainha. Era a mulher mais bonita que já havia visto. Horst despediu-se de Flávio, mas dali em diante seriam melhores amigos.

Flávio passou a frequentar a casa da família Brenke e achava graça quando, às vezes, o pai e a mãe de Horst conversavam numa língua estranha. Ficava impressionado também com o carinho do amigo com a irmã, uma garotinha linda a quem chamavam de Nenê. Da mesma forma, percebia a rigidez doce com que a rainha conduzia a vida da casa. Ela era capaz de impor medo durante uma reprimenda, sem, contudo, alterar a voz baixa, a dicção cristalina, e uma certa expressão que só podia ser própria da realeza.

O bando da Rua Aimorés costumava vadiar a tarde inteira pelo bairro. Soltavam pipa, jogavam bente altas, atiravam em pássaros e gatos. Vez ou outra, Horst e Flávio conseguiam alguns tostões e corriam ao armazém para comprar bala. Flávio tirava tudo do bolso e despejava sobre o balcão. Horst contava as moedas, escolhia algumas e informava quantas balas desejava. No fim da tarde, mal o sol desaparecia, Horst se despedia e ia para casa.

Flávio adorava a rainha, era chamado de filho por ela, e Horst se tornava um irmão realmente. Um irmão um pouco diferente, é verdade. Andava limpo demais, nunca se exaltava e nem sempre o acompanhava nas explorações. Certa vez, empoleirado na mangueira de seu quintal, Flávio descobriu uma vista privilegiada para a janela do banheiro onde Maria Rita, a empregada da casa, tomava banho. Quando engenhou a espiada para todas as tardes de todos os dias de sua vida, Flávio logo procurou Horst para incluir o amigo.

– Horst, vamo lá no quintal ver a Ritinha com a bunda de fora!

– Isso não se faz – respondeu Horst, já dando as costas para o assunto.

Em Belo Horizonte, Richard Brenke arrumou emprego como mecânico na casa Arthur Haas, um conjunto de posto e oficina para carros de um comerciante judeu. Gretchen cuidava da casa, das crianças e encontrava tempo para servir como voluntária na Santa Casa de Misericórdia, onde mantinha boas relações com enfermeiras de origem alemã. Horst entrou para a escola, fez o primário no Colégio Dom Pedro II e, em 1937, começou o ginásio no Colégio Arnaldo. Mal teve tempo de terminar o primeiro ano.

As condições financeiras apertadas no Brasil, os bens da família Birkenfeld que haviam sobrevivido na Alemanha, e talvez outros fatores difíceis de determinar quando observados tempos depois fizeram Richard e Margarete decidirem voltar para Berlim, ainda que sem planos muito claros para o futuro. Ouvia-se, no entanto, que as coisas lá andavam bem. Um tal Adolf Hitler chegara ao poder pelo Partido Nacional Socialista em 1933 e, desde então, o país parecia ir de vento em popa. Não faltava emprego nem dinheiro, não se sangrava mais com a inflação, e o fantasma da Primeira Guerra parecia coisa do passado. Isso chegava à casa amarela da Rua dos Aimorés pelo rádio, nas ondas curtas da Rádio de Berlim, que os imigrantes alemães costumavam ouvir em todo o Brasil. Para Richard havia ainda sua mãe e irmã, que viviam na capital alemã.

O sonho – ou pesadelo – da colônia alemã no Brasil não saíra como o imaginado por Wilhelm Birkenfeld e sua família, embora outros milhares de alemães que chegaram ao país naquela época tenham sido bem-sucedidos. Apesar disso, os Brenke ainda acreditavam no futuro. E ele parecia estar em Berlim.

SAGAN, BAIXA SILÉSIA. 4 DE MAIO DE 1945

A EXTENSA coluna de prisioneiros já estava no sétimo dia seguido de marcha e Horst começava a ter dúvidas sobre o próprio corpo. Foi quando dobraram à esquerda, deixando a rodovia Berlim-Breslau e seguindo rumo ao norte em terras polonesas. Os homens já não caminhavam com firmeza. Haviam se despido das partes mais quentes do uniforme e sentiam-se sobrecarregados com o que traziam às costas, por mais leve que fosse a pouca bagagem restante. Estavam sujos e pegajosos, sentiam o corpo coçar e o rosto arder de tanto sol. Poderia ser febre também. Eles se espremeram no centro da pista, em três filas sem fim, encabeçados por um russo armado e margeados por outros a pé ou em jipes. Depois da curva, ao lado do caminho, os pinheiros ganharam a companhia de bétulas, seus troncos claros dando qualquer coisa de novidade àquela caminhada infinita, que seguia e seguia.

Horst dava com os olhos nas costas do homem à frente, via seus ombros caídos. Levou a mão ao peito e pegou no bolso esquerdo do paletó o maço de Stambul. Abriu-o e tirou dele o último cigarro; acendeu na brasa do companheiro que caminhava ao lado e, ao tragar, viu a ponta do cigarro se iluminar diante do nariz. Sentiu o cheiro de madeira queimada chegar às narinas e atrasou o passo para não tocar as costas do homem adiante. Então olhou a embalagem vazia, branca, o nome escrito em letras verdes. Horst tirou o cigarro da boca para respirar. Olhou de novo para o maço. Em cima do M, havia uma torre de catedral ortodoxa; aos lados, uma lua crescente e uma estrela de sete pontas. Seguiu andando. Esmagou o Stambul na palma da mão e o deixou cair ao chão. Como os cigarros, suas forças chegavam ao fim.

Quase duas horas depois de deixarem a rodovia, chegaram a um grande campo de prisioneiros cuja entrada vinha dar na beira do asfalto. Ele se estendia floresta adentro, descamando cercas de arame farpado, as torres de observação aparentemente abandonadas, os alojamentos de madeira escura sobre a terra clara enfileirando-se até onde as vistas cansadas deixavam de alcançar. Assim que cruzaram o portão, foram autorizados a sentar no chão, transformando o terreno na entrada do campo em um mar de rostos exaustos. À esquerda e não muito longe havia um cemitério já meio destruído. De tão cansados, não se deram conta.

Horst calculava ter caminhado cinquenta quilômetros por dia, e em sua cabeça já estava na estrada havia oito dias seguidos. Estava um pouco perdido. Ele tinha agora um rosto fino que contrastava com as lentes e a armação grosseira dos óculos. Seu uniforme, como o de todos, havia sido depenado de qualquer identificação de guerra. Horst olhou em volta e viu a floresta ao fundo; parecia haver mais alojamentos depois dela.

O campo ficava em Sagan, uma cidade duzentos quilômetros a sudeste de Berlim. Mais vinte minutos de caminhada por aquela estradinha e teriam chegado à cidade propriamente dita, mais destruída pela tomada dos russos alguns meses antes do que pelos anos de guerra. O campo se chamava Stalag VIIIC, embora a placa não estivesse mais na entrada. No início da guerra, fora usado pela Alemanha para manter prisioneiros poloneses, e depois soldados franceses, ingleses, americanos e de uma infinidade de outras nacionalidades. Ainda tinha uns quarenta alojamentos de madeira, todos um pouco acima do chão, formando uma cidade de prisioneiros. Atrás e à esquerda havia uma espécie de praça, depois uma floresta de pinheiros e bétulas, depois novas cercas e novos alojamentos, que se estendiam horizonte adentro em um outro campo chamado Stalag Luft III. Esse outro campo era muito similar ao primeiro, mas parecia estar mais bem cuidado. Fora destinado apenas a oficiais, e isso explicava o melhor estado. O grupo que acabava de chegar a Sagan tinha milhares de prisioneiros. Mas havia espaço mais que suficiente para eles.

Desde a manhã em que fora acordado em Halbe, Horst caminhara rumo ao leste. Na primeira semana, uma média de trinta quilômetros por dia até Sagan. Um pouco menos do que calculara. O grupo havia seguido sempre pela estrada. Assim, os russos eliminavam qualquer risco de encontrar algum grupo de soldados alemães à deriva, perdidos pela floresta. A caminhada pareceu amistosa nas primeiras horas. Não muito depois de iniciá-la, Horst e os outros cruzaram com um grosso poste de madeira fincado no chão; pregadas a ele havia tábuas menores e pontiagudas, com palavras escritas em russo e uma marcação de distância em quilômetros. Era uma placa de orientação. Indicava o caminho para cidades alemãs. Qualquer um podia imaginar que uma daquelas palavras significasse Berlim. À frente dos 18 km, uma palavra que mais parecia um desenho indicava o caminho de Halbe, o caminho de onde vinham.

Percorrer trinta quilômetros em um dia – ou mesmo cinquenta, como calculara Horst – não era absurdo. Exceto diante das condições que alguns prisioneiros apresentavam. A marcha era intensa e parecia infinita. Havia pausas raras e espaçadas, de uns quinze minutos. Mas era melhor que não houvesse. Quando se parava um pouco era que se percebia o quanto o corpo doía. Pouco depois de Lübben, dois soldados sucumbiram: Horst, que caminhava mais à frente, não viu quando as pernas deles vacilaram, como se o peso do tronco fosse insuportável. Caíram e levaram consigo um outro homem que estava próximo e também com as forças no fim. Quase não fizeram barulho ao cair. Só o som das pistolas-metralhadoras dos russos foi ouvido, as balas repicando no asfalto quente, muito mais numerosas que o espaço dos corpos. Assim que os prisioneiros caíram no chão, uma rajada encerrou a jornada deles. Todos entenderam que seria assim com qualquer um que não suportasse.

Entenderam também – ou intuíram – que era melhor ficar no meio da fila. Marchar nas extremidades poderia ser um grande azar. Horst aprendera a dormir em pé, a caminhar dormindo. Quase como zumbis, os soldados escoravam-se uns aos outros e deixavam a esperança guiar os passos e atender às ordens. De Halbe a Sagan foram cerca de 160 quilômetros. Horst conseguiu. Mas havia mais.

Depois de um tempo sentados no chão do campo em Sagan, os homens começaram a ser alimentados. Sopa. Uma sopa aguada, com batatas mal lavadas. Pão para acompanhar. Estavam famintos. Foram encaminhados para os alojamentos; a Horst coube um longe do pátio, mas de onde ainda se podia ver a movimentação próxima à estrada. Os alojamentos eram caixas de trinta metros de comprimento por dez de largura, tinham vários pequenos cômodos – espécie de quarto com beliches de madeira, colchões fedorentos e objetos claramente largados para trás durante a chegada dos russos no início daquele ano. Havia recortes de jornais e revistas pregados nas paredes. Panelas, pratos e talheres, além de uma série de outras coisas aparentemente inúteis. No centro, uma mesa bamba e cadeiras meio quebradas, tudo de madeira. Logo um russo chegou com uma máquina e indicou aos prisioneiros que retirassem suas roupas.

Horst sentou na cadeira ao centro do recinto. Os outros o olhavam apreensivos. O russo ligou a máquina, que fazia um ruído de esforço, sofrendo para permanecer ligada. O sujeito levou a máquina em direção ao rosto de Horst, que fechou os olhos, ouviu um zumbido rouco, sentiu a cabeça vibrar e percebeu quando um tufo de cabelo caiu por suas costas. Teve todo o cabelo raspado. Depois mandaram-no levantar os braços. Foram-se os pelos da axila. Depois os pubianos. Foi um grande alívio. Pouco depois a coceira diminuiu. Estava temporariamente despiolhado.

Naquela noite, em Sagan, ele conseguiu também papel e lápis. Sentou-se em seu beliche e, em alemão, iniciou algo parecido com um diário.

"Preso! Quem poderia imaginar isso! Apenas aquele que vivenciou isso por ele mesmo", escreveu na primeira página. Seguiu dizendo onde estava, como se sentia, e a tortura que fora a "marcha da morte". Sabia que o pior estava por vir, mas não fazia muita ideia de o que seria. De vez em quando, tentava se concentrar e ouvir o que os russos conversavam lá fora, quando passavam perto de sua janela. Tinha esperança de ouvir algo que indicasse os planos para os prisioneiros e que destino teriam. Não teve muita sorte. O maior receio era a Sibéria. Todos sabiam muito bem o que significava. Tinham ouvido histórias terríveis sobre o que Stalin construíra por lá – um campo de trabalho forçado, em que se tornariam escravos até morrer de fome ou frio. Não ouvir nada que soasse parecido foi também um pequeno alívio.

No dia seguinte retomaram a marcha. Voltaram para a estrada que os havia acompanhado durante toda a semana anterior. Era o mesmo asfalto sujo, os mesmos pinheiros, o mesmo rastro de guerra.

Na noite do dia 8 de maio, o grupo andava pela Baixa Silésia e parou para dormir à beira da estrada. Horst não fazia ideia que a três centenas de quilômetros dali, numa velha casa colonial no bairro de Karlshorst, subúrbio de Berlim, um sujeito magro e com olhar de nojo desenhava o próprio nome em papéis datilografados sob a observação de homens tensos. Era a assinatura oficial da rendição alemã. Assim que o marechal Wilhelm Keitel, comandante em chefe do exército alemão desde o suicídio de Hitler, cruzou a porta e foi-se embora, os oficiais russos, americanos, britânicos e franceses começaram a festejar. Beberam champanhe e todas as garrafas de vinho que puderam encontrar. A festa se espalhou pelas ruas, com soldados bêbados a passar embaixo da janela da cozinha em que Margarete e Maria do Carmo dormiam inquietas. O banquete na casa de Karlshorst durou até o amanhecer, com oficiais se abraçando e comemorando a vitória sobre o fascismo, e ainda não terminara quando o grupo de prisioneiros se levantou e retomou a marcha que não parecia ter fim, rumo a um lugar que nunca chegava.

Eles chegaram a Opole junto com o mês de junho. Até lá foram mais 240 quilômetros, dessa vez em ritmo mais lento. No caminho, acompanharam por muito tempo o percurso do Oder. Horst viu de longe o rio e lhe surgiram recordações. Várias vezes nos últimos tempos havia se pegado olhando para aquelas águas, outrora congeladas, se perguntando como tudo aquilo terminaria. Como parecia ocorrer sempre que criava possibilidades para o futuro, ele se encontrava em uma situação que não havia previsto. Sentia que tinha forças para caminhar, mas não sabia até quando. E queria muito saber até onde caminharia, qual seria seu futuro. Eles pararam em Opole, em um campo improvisado e não muito longe do gueto judeu que funcionara na cidade durante a guerra. Ao fim do dia, Horst pegou novamente o papel, mas teve dificuldades de firmar a mão e escrever. Não havia escrito nada desde o dia em que desembarcara em Sagan.

"Opole! Alojados em um campo provisório. Daqui deve-se continuar a caminhar! Para onde, não se sabe."

Dormiu.

Todos já sabiam que a guerra havia acabado. Alguém podia ter pensado que isso viesse a significar algo de bom para os prisioneiros. Sempre há os inocentes ou muito otimistas. Se havia esse alguém, ele deixou de pensar assim no dia seguinte em Opole. Todos foram acordados muito cedo e colocados em forma. Receberam sopa, foram revistados. Deixaram o campo, seguiram para a cidade, passando muito perto do centro histórico, observados com atenção pelas pessoas nas ruas. Foram para a estação ferroviária, onde vários homens gritavam, xingavam e trabalhavam nos trilhos. Seguiriam agora de trem.

O PRIMEIRO encontro de Horst Brenke com a morte foi aos 13 anos. Ela não falava russo. Por sua cabeça não passava nem vagamente a ideia da guerra. Ele acabava de regressar à Alemanha e o único incômodo era a saudade do lugar e dos amigos que não queria ter deixado para trás.

A família Brenke deixou o Brasil nos primeiros dias de 1939 e desembarcou no porto de Bremerhaven em 19 de fevereiro. Já se passavam dezoito anos desde o dia em que o *Cuyabá* zarpara com Wilhelm Birkenfeld e seus sonhos de vida nova. Agora, naquele inverno de 1939, Richard e Margarete Brenke eram pessoas bem diferentes das que dali partiram. Horst e Maria do Carmo nunca tinham sentido tanto frio.

Como era hábito, e seguiria sendo mesmo anos após a guerra, os passageiros desembarcados na Alemanha vindos de países tropicais tinham de passar pela quarentena, o que significava permanecer alguns dias em instalações do governo alemão até ficar provado que não carregavam nenhuma doença tropical. Os quatro foram separados, pois homens, mulheres e crianças dormiam em habitações diferentes, o que de pronto incomodou Margarete. Poucos dias depois da chegada, ela teve a comprovação do que sua intuição havia tentado dizer. Foi chamada por um homem de uniforme escuro e postura hostil, que lhe disse que Horst não passava bem. O garoto apresentava febre e, nas últimas horas, com a progressão da temperatura, sofrera alucinações. O que o oficial da SS preferiu não mencionar foi que Horst, desde a primeira noite, dormira no colchão usado por um homem que morrera ali dias antes e cujo diagnóstico havia sido meningite.

Horst foi enviado imediatamente para Berlim, onde deu entrada no hospital Charité. Richard, Margarete e Maria do Carmo também partiram para a capital. No hospital, o médico que atendeu Horst tentou acalmar Margarete. Explicou que havia feito uma punção lombar que sustentava um diagnóstico. A "água", simplificou, extraída da coluna de Horst tinha aspecto escuro, leitoso. Eles iriam medicá-lo, aguardar, e a evolução na transparência daquele líquido atestaria a cura. Margarete esmiuçou o tom do médico e concluiu que poderia praticamente se mudar para o hospital, pois dali o filho não sairia por ora. O encerramento da conversa confirmou sua expectativa: meningite.

Havia uma casa da família Birkenfeld em Wannsee, uma região de lagos a pouco mais de trinta minutos de Mitte, onde ficava o hospital, na área mais central da cidade. Foi lá que os três se estabeleceram. Richard tentava conseguir trabalho, Maria do Carmo, então com cinco anos incompletos, dava algum trabalho com suas manhas e choros, e Margarete não pensava em nada que não fosse o filho. Corria para vê-lo todos os dias pela manhã; no fim da primeira semana levou consigo a pequena Nenê. As duas chegaram exatamente na hora em que Horst passaria por novo exame. O médico se antecipou e sugeriu que as duas dessem uma volta, mas uma volta longa, ratificou, pois Horst não poderia vê-las no momento.

Margarete e Maria do Carmo caminharam pelos corredores frios do hospital e foram parar no pátio central, onde havia saída para um grande jardim, espécie de reserva florestal no interior dos muros do hospital, desde então um estabelecimento ligado à universidade. As duas já haviam ganhado a companhia das árvores quando Margarete ouviu o primeiro grito de Horst. Seu coração disparou. Vestida com apuro, um sobretudo escuro e um dos seus vestidos mídi de tom claro, Margarete segurava com força a mão da filha. Deu mais alguns passou e não aguentou: ajoelhou-se, a barra do vestido se sujando na terra úmida, e começou a rezar. Maria do Carmo apurava uma linha da meia-calça enquanto tentava entender a reação da mãe, que, em voz alta, o timbre cristalino impregnado pelo choro, rogou a Deus que protegesse seu filho, que a livrasse de mais aquele sofrimento. Horst já não gritava mais, mas ela ainda o ouvia.

A cena se repetiu nas semanas seguintes, quando Margarete engendrou uma volta pelo quarteirão durante o exame. Adiantava pouco.

Conseguia ouvir da rua o desespero do filho, apertava o terço de madrepérola entre os dedos e seguia rezando, seus sapatos brancos e redondos marcando a calçada ainda branca da neve da noite anterior. Repetiu-se também a reação do médico, lamentando o quadro grave, mal disfarçando o tom cada vez mais receoso.

Margarete tentava se desdobrar. Richard arrumou trabalho e estava ocupado durante o dia, Maria do Carmo não podia ficar sozinha em casa e costumava criar problemas para não ser deixada com vizinhos. Margarete tinha a saúde fraca, sofria com isso desde jovem, mas não tirava os olhos de Horst. Numa manhã, cedeu outra vez à geniosidade da filha. Vestiu-a a sua imagem; um vestido rodado, meias e sapatos brancos. Repartiu os cabelos loiros, lisos e poucos da menina, juntou-os em várias tranças, como a pequena gostava, e foi se arrumar. Às vezes ainda usava roupas da época de solteira, roupas das irmãs mais velhas; eram vestidos bem-acabados, alguns até anteriores à Primeira Guerra. Eles cobriam-lhe o colo e ainda caíam quase bem. Penteou-se – seus cabelos forjavam longas ondas nas laterais e finalizavam em um coque, na nuca. As duas chegaram cedo ao hospital, e o médico de Horst já esperava por elas.

– Como vai, Margarete? – ele logo disse.

– Bom dia, doutor.

– Nós precisamos conversar.

– Como está o Horst? – Ela olhou pelo vidro do quarto onde ele estava isolado. O garoto olhava o teto sem grande interesse, uma das mãos levantadas como se tentasse bloquear um pouco a luz sobre o rosto.

– Nós fizemos outra punção mais cedo – disse, buscando os olhos dela. – Continua escuro – ele deixou de olhá-la por um instante. – Eu tenho que ser franco com a senhora, e isso significa admitir a possibilidade de ele ter sequelas quando se recuperar. – O médico fez uma pausa. – Considerando que ele se recupere.

Margarete olhou novamente para o filho. Ele tirava o dedo do nariz; bloqueou a luz da lâmpada com a mão novamente e levou o dedo à boca.

– Nesse estado você não me entrega o meu filho.

Margarete Brenke era uma mulher de 39 anos e conhecera desde muito cedo a perda. Ainda criança, viu os irmãos irem para a guerra e nunca mais voltarem. Conseguia reproduzir o discurso do mais moço dos três, Heinrich, que garantira só voltar com uma flor no peito ou uma espada nas costas; voltou num caixão. Lembrava-se com perfeição do rosto de Wilhelmina, tão diferente do dela, emoldurado por cachos negros caindo sobre a pele muito branca, e recordava-se do momento em que recebera a notícia de que o corpo dela, cinco anos mais velha e já uma moça, havia sido encontrado em um barco próximo ao Reno, uma morte com todos os indícios de suicídio por amor. Perdera o pai e a mãe em um curto espaço de tempo. Mas nada parecia ter doído tanto quanto a perspectiva de enterrar um filho.

Ela voltou nos dias seguintes, religiosamente. Passou a levar livros para Horst. Queria tocá-lo, mas não tinha autorização para entrar no quarto. Passava muito tempo observando. Tentava conversar com ele em português. Tinha fé de ser entendida. Em casa, Margarete não conseguia dormir. Rezava muito. Comia pouco. Passou a ir cada vez mais cedo para o hospital. Convencia as enfermeiras a permanecer mais tempo que o permitido. Voltava para casa cada vez mais tarde.

Numa manhã, quando chegou ao hospital, o médico que cuidava de Horst e outros dois colegas a aguardavam, ainda com as roupas verdes com que entravam no quarto. Ela manteve o passo firme, mas um nó travou sua garganta. O médico tinha algo nas mãos e mostrou-lhe antes mesmo de cumprimentá-la.

– Olhe a água – ele disse.

Ela não se tocou.

– Está transparente feito uma janela – prosseguiu o médico.

Foi preciso um tempo para ela cair em si e então em prantos. Horst finalmente reagia ao tratamento. Ia se salvar. Ela buscou o filho com os olhos. Ele sorria. Maria do Carmo estava presente, equilibrava-se nas pontas dos pés, tentando alcançar o vidro para ver o irmão; saltava, escalava a parede, mas não conseguia. Foi carregada pela mãe e entendeu muito bem o que tudo aquilo significava.

As coisas foram se ajeitando para os Brenke. Horst deixou o hospital pouco tempo depois e foi direto para a nova casa. Mudaram-se para um apartamento espaçoso no primeiro dos quatro andares de um prédio sólido e sóbrio no número 11 da Gubitzstraße, em Prenzlauer Berg; o de número 11 era um dos vários prédios de quatro andares e sótão, com dois apartamentos em cada piso, naquele antigo bairro operário no nordeste de Berlim. Richard trabalhava como mecânico em uma oficina do governo. Margarete caía de cama vez ou outra com dores de cabeça que iam e voltavam da mesma forma, sem aviso, mas fazia maravilhas na cozinha.

Naqueles primeiros meses de nova vida em Berlim, uma vez por semana havia peixe na casa dos Brenke. Margarete escolhia belas carpas, fazia-as ensopadas; no mais, muita batata e carne de porco. Richard costumava levar os filhos para visitar a avó Wanda, que ainda morava no sótão de um prédio antigo em Moabit. Seu coelho ao vinho fazia grande sucesso com os netos. Margarete também teria gostado, mas nunca ia à casa da sogra.

As crianças entraram na escola, foram matriculadas em um colégio perto de casa. Maria do Carmo estudava pela manhã; Horst, à tarde. Iam caminhando com outras crianças da rua, algumas do mesmo prédio dos Brenke. As mães se revezavam na condução do grupo. A turma de Horst, que já tinha alguns garotos um pouco mais velhos, costumava ir sem acompanhamento. Usavam uniformes azul-marinho de botões dourados. Numa foto de 1940, Horst aparece no retrato oficial da turma. É um dos menores rapazes, baixinho e gordinho, o cabelo partido de lado, um sorriso zombeteiro com ares que poderiam ter origem brasileira. Suas maçãs do rosto formavam bolsas, os ossos saltando por trás dos óculos de armação grossa. Foi um tempo feliz.

OPOLE, ALTA SILÉSIA. 2 DE JUNHO DE 1945.

QUANDO O trem, aos solavancos, se pôs em movimento, Horst teve esperança de que as coisas fossem melhorar. Não aguentava mais caminhar. Seu cansaço, no entanto, não era apenas físico. Precisava chegar a algum lugar. Aí outro medo ficava mais intenso. Chegar aonde? O destino daquele trem atemorizava a todos, pois receavam que ele fosse dar na Sibéria. Era o que haviam lido, escutado e conversado dezenas e dezenas de vezes durante a guerra. Era o que dizia a propaganda nazista para tentar estimular coragem, fidelidade e raiva entre seus soldados. Era o que lamentavam os homens ao voltar da frente oriental, ao se lembrarem dos companheiros que haviam ficado por lá. Era também o que se dizia baixinho, ao som do vagão rangendo nos trilhos, os prisioneiros ainda se acostumando à penumbra, enquanto conversavam com Deus.

O trem deixou Opole pela manhã. A cidade foi ficando para trás, o grande número de trilhos foi se reduzindo até ficar um único par. O trem que levava Horst e outros milhares de homens adiante era uma locomotiva claramente remendada. Funcionários da estação ainda transportavam dormentes de um lado para o outro pela manhã, quando o grupo chegou para embarcar. Horst havia olhado atentamente e confirmado: não havia vagões de passageiros. Partiram amontoados quarenta homens em cada vagão de animais e logo ficou claro que não seria fácil.

No vagão escuro, eles se sentaram pouco depois da partida. Horst, recostado à parede suja, sentia-se bem em movimento. O trem sacolejava, vencendo, lentamente, trilho após trilho, seguindo caminho rumo a algum lugar. Das gretas do vagão, os pinheiros pareciam mais esguios e altos. De novo o mesmo tapete verde de Halbe ao pé das árvores, que logo começaram a diminuir de tamanho. Seus galhos ficaram mais secos. Surgiram algumas árvores nuas, mas com bolas de folhas e pequenos galhos emaranhados nos pontos mais altos. Horst não as conhecia muito bem. Eram viscos. Aquele mesmo visco que, segundo a tradição natalina do hemisfério norte, poderia significar beijos – algo que não lhe passaria pela cabeça naquele momento.

Do vagão escuro ele via viscos, via outras árvores, via surgir à beira da ferrovia pequenas cidades com suas casas de tijolos vermelhos. Via pessoas. Mas a vida parecia suspensa. Passaram por Katowice, os grandes galpões e os velhos sobrados vinham até a beira do caminho do trem. As pequenas janelas ainda estavam protegidas por qualquer coisa que impedisse ver a vida lá dentro. Tudo era cinza e sem vida. Pouco depois da cidade, cruzaram um rio, e novamente outra cidade, com as pequenas e muitas janelas nos sobrados, as pessoas nas ruas, livres, observando o trem passar. As crianças apontavam, algumas eram detidas pelas mães, outras corriam por algum tempo no sentido do trem, que logo parou novamente. E depois novamente. E novamente. E outra vez, até parecer não sair do lugar.

"Até agora nós só viajamos um pouco", Horst escreveu na primeira vez que pegou o diário durante a viagem, já alguns dias depois de partir. "Um mau sinal, e.pode-se deduzir daí que essa viagem não vai passar tão rapidamente como foi a primeira, de Sagan até Opole." Era difícil entender como, em sua cabeça, uma marcha de mais de vinte dias havia passado rápido. Horst continuou: "O destino é desconhecido. Não se sabe de absolutamente nada e pode-se no máximo imaginar algo. Bom ou ruim? Isso está entregue a cada um".

O trem seguiu lento até parar próximo ao Rio Vístula, um dia depois. As dúvidas seguiam na cabeça de Horst e provavelmente de todos ali. Haviam começado as brigas. Por comida, por espaço, por qualquer coisa que parecesse fazer sentido. Normalmente, dormia-se de dia para enganar a fome, já que a comida estava cada vez pior. Horst descobriu que não fazer nada a não ser tentar seguir vivo era cansativo. E muito. Não era nada bom pensar, e era difícil não pensar. Parecia impossível escolher o pior: lembrar do passado ou cogitar o futuro.

O trem permaneceu algum tempo nesse ponto próximo ao Vístula, que devia ser um lugarejo qualquer na região de Pulawy, onde a linha férrea ramifica rumo ao leste. Passaria a noite ali, já a quinta de Horst dentro daquele curral. Quando começou a escurecer, o sol avermelhado se pondo à esquerda do vagão, a sentinela deixou a porta aberta e foi possível tentar, à distância, comunicação com os funcionários da estação. Eles não foram desagradáveis. O vagão ganhou deles cinco cigarros, o que deu um trago para cada um. Horst não se envolveu na conversação, mas desfrutou sua fração numa tragada profunda e lenta, a fumaça escapando dos lábios com o pesar de não haver mais. Espalhou-se a notícia de que o destino seria o Cáucaso, o que lhes soava definitivamente melhor que a Sibéria. A boa nova trouxe ânimo. Homens que haviam se desentendido nos dias anteriores trocaram sorrisos. Alguns bendisseram em voz alta, discutindo as possibilidades, e o clima logo foi contido por xingamentos lá de fora. Uma sentinela se aproximou do vagão e fechou a porta com violência.

No dia seguinte, serviram uma sopa gordurosa e quase sem nada substancial. O pão era um naco duro e de cor duvidosa. Horst chegou à porta, esticou o braço para encher a caneca de metal, voltou e comeu sentado em seu canto. Depois dormiu por toda a manhã, tempo em que o trem não saiu do lugar. Lá fora, homens trabalhavam. Como sempre, consertavam algo nos trilhos ou na locomotiva. Diversas vezes naqueles dias, e em quase todos os lugares por onde tinham passado, haviam encontrado algum trecho danificado pela guerra. Utilizavam prisioneiros para o trabalho. Era uma sorte isso ainda não ter chegado ao vagão de Horst.

Seguiram no fim daquela tarde para Lublin, aonde chegaram já de noite. Horst se perguntava até onde iriam naquele ritmo. Já viajavam havia cinco dias e sequer tinham saído da Polônia. A fome o corroía. Pela manhã, crianças e mulheres apareceram na estação a oferecer comida. Traziam pão, batatas, biscoito, leguminosas, latas de conserva com uma bebida turva, além de cigarros. Pelas frestas do vagão, a porta cerrada desde a última conversa com os funcionários, os homens salivavam. Nada era de graça, e nenhum prisioneiro tinha dinheiro. Não tinham nem mesmo algo para dar em troca. Os soldados russos já tinham sugado tudo havia muito tempo. Horst perdeu um longo tempo observando as pessoas lá fora. Era gente humilde. As mulheres tinham as cabeças e os rostos envoltos por lenços, suas roupas escuras iam até as canelas com saias rotas e de pano grosseiro; estavam em mangas longas mesmo com o forte sol que fazia. Os poucos homens eram velhos, usavam chapéus em mau estado, cuja sombra cobria seus rostos pipocados de marcas. Não pareciam irritados ou rancorosos. Ofereciam seus alimentos como uma súplica. Precisavam vendê-los tanto quanto os prisioneiros ambicionavam comer.

Naquela noite partiram novamente, agora em direção a Chełm, e depois até Kovel, aonde chegaram no início da manhã. O sol era abrasador. Horst suava dentro do vagão. Os homens reclamavam sem parar. Viam uma mata rala a leste e a cidade a oeste. À esquerda do vagão, a cúpula de uma catedral ortodoxa se esgueirava por trás da velha casa da estação. Não se viam moradores, apenas funcionários, muitos funcionários, e soldados russos caminhando para lá e para cá. Eles também eram mais numerosos.

Horst estava fraco. Bem perto dos trilhos, as galkas vinham bicar os pedregulhos como se fossem sementes. Voavam ágeis de um ponto a outro sem dar muita atenção aos prisioneiros que as observavam. Quando o acinzentado de suas nucas sumia, seus olhinhos se encontravam com o olhar cansado dos homens dentro dos vagões. Diz-se que aqueles pássaros pretos trazem mau agouro. Talvez por isso eram tantos à beira do trem.

Todos os prisioneiros foram colocados para fora na manhã seguinte. Caminharam em fila até outra locomotiva do outro lado da estação e trocaram de vagão. Mais prisioneiros chegaram. Passaram a ser noventa homens espremidos. O calor desfalecia. Homens como animais, sem espaço para se sentarem no chão do vagão; as galkas lá fora, com tanto espaço para seu mau agouro. Não demorou para o trem chacoalhar, as sardinhas se espremendo lá dentro, cada um tentando demarcar com o corpo um espaço para si. O trem se pôs em movimento. Horst percebeu que o trem ia agora sobre bitolas largas e se animou. Significava que viajariam mais depressa. No entanto, significava também que iam mesmo para a Rússia. Mas para onde na Rússia? A angústia o maltratava.

Na manhã seguinte já estavam em território russo. Tinham viajado a noite toda. Sem parar. Horst calculava terem percorrido uns cem quilômetros Rússia adentro. Surgiram os prados, vastos campos permeados por uma cabana ou outra. Horst se lembrou das histórias que ouvira dos companheiros que combateram na frente oriental. Talvez fosse o caso de alguém ali dentro. Ele se perguntava se algo mudaria agora que estavam definitivamente em território inimigo. Mas já não era, havia muito tempo, território russo? As placas a dezesseis quilômetros de Halbe sugeriam isso. Estavam em cirílico. Havia placas em alfabeto russo a poucos quilômetros de Berlim e isso significava que a poucos quilômetros de Berlim já era Rússia. Berlim já devia ser Rússia àquela altura. Como será que estavam no número 11 da Gubitzstraße? Era melhor evitar a armadilha de pensar em casa. Horst já havia tido tempo de aprender isso.

No meio da tarde pararam numa estação de triagem desconhecida e receberam comida. Era cada vez menos alimento: duas finas fatias de pão seco e umas poucas colheres de sopa de batatas aguada. Escureceu cedo, e eles seguiam no mesmo lugar.

Houve muita movimentação de homens no breu da noite. Nada se via do vagão, apenas se ouvia o som de botas amassando pedras ao lado dos trilhos e conversas em russo. Aparentemente havia muitos homens lá fora e que tinham trabalho para fazer na ferrovia. Horst tentava dormir um pouco, mas não havia posição confortável naquele vagão atulhado de homens. Ele estava mais ao centro e se assustou quando algo atingiu com força a lateral de madeira do vagão. Outro grande estalo veio logo em seguida. E depois outros. Os tiros estalavam nas madeiras e entravam para o vagão. O tiroteio engrossou. Todos os homens já haviam acordado e estavam de pé gritando para que parassem com aquilo lá fora. Horst ficou apreensivo. O ataque lembrou-lhe vagamente a chegada dos russos em Halbe. Todos os homens se assustaram. Xingaram. Lá fora, os vigias achavam graça. Riam. O bombardeio só parou porque os pais das crianças que jogavam pedra no vagão os repreenderam.

O trem russo com prisioneiros alemães passou por uma série de pequenas cidades do interior da Rússia e parou em Briansk e Oriol, ganhando a companhia dos charques à beira da estrada. Foram dois dias quentes, em que viajaram muito e sentiram muita fome. Um homem morreu não muito longe de Horst, outros pareciam seguir o mesmo caminho. Horst escrevia nas paradas, pois era impossível fazê-lo com o trem em movimento. Ainda assim, dizia pouco.

No dia 13 de junho, onze dias após terem iniciado a viagem de trem, o sol sobre as cabeças raspadas marcava meio-dia e milhares de prisioneiros chegavam a Moscou. Agora era a hora da verdade. Para onde? Horst só conseguia pensar em como o futuro era sempre incerto, naquele instante mais do que nunca.

"Moscou", disse consigo ao saltar do trem, "quem teria imaginado isso? Em janeiro, ainda em casa com a esperança de voltar rapidamente para o lar amado; seis meses depois, em um transporte de prisioneiros viajando no interior da Rússia, deixando para trás uma grande quantidade de aventuras e vivências". Horst observava os outros prisioneiros, todos pareciam imersos em pensamentos nebulosos. "Terão os russos consideração para o fato de que eu possuo cidadania brasileira?", seguiu falando consigo. Horst agora era um prisioneiro de guerra em Moscou. Um semivivo sem saber por quanto tempo aguentaria, para onde iria, como tudo acabaria. Para onde? Sibéria? Montes Urais? Cáucaso?

"O que trará o futuro?", registrou no diário.

BERLIM, ALEMANHA.
18 DE NOVEMBRO DE 1943

MARIA DO CARMO não fazia ideia de quando a guerra havia começado. Uma noite, estava em casa brincando de boneca, quando um grito agudo e chato começou a chegar da rua. Parecia um carro de bombeiros. Ele dava intervalos, mas não parava. Ela teve a impressão de que seu pai também tinha se assustado, pois Richard se aproximou ofegante, pegou-a pela mão e saíram correndo para o porão do prédio, um escuro e desconfortável buraco a que chamavam de bunker. Margarete e Horst os seguiram. Lá dentro já havia vários vizinhos, parca mobília e um zum-zum-zum nervoso.

Aquilo então era a guerra de que ouvia os outros falarem. Guerra era algo ruim, realmente, uma sirene chata que ordenava a todos que se escondessem no bunker, pois algo de mal podia acontecer. Do bunker, ouviam alguns estrondos, normalmente longe, às vezes, perto. As pessoas passavam longos períodos em silêncio, especialmente seu pai, cuja voz se ouvia ainda menos que de costume. Se ela observasse melhor, perceberia que todos os homens estavam calados. O bunker era iluminado por uma luz azul e tinha forte cheiro de cimento e suor. Seu pai a ensinou a não correr por ali, pois era um lugar para ficar quieta. Ela ficou quieta.

Mais tarde, um mais tarde que lhe pareceu dias depois, novamente a sirene, de um jeito um pouco diferente, anunciou que podiam voltar para casa, onde os quadros foram encontrados no chão, cobertos de caliça e reboco do teto e das paredes. Seu pai seguiu com cara preocupada, e a mãe beijou longamente o terço, conversando com a santa inabalável sobre o móvel da sala.

A vida, no entanto, fora quase normal desde o início da guerra até aquela madrugada de 26 de agosto de 1940. E seguiria com relativa normalidade até novembro de 1943. Maria do Carmo e Horst continuaram indo à escola. Ela fazia mais amigas a cada dia; ele passava muito tempo em um pequeno estúdio de animação. "Trickzeichen" chamava-se aquilo, explicava à irmã, enquanto a encantava com os personagens que se moviam ao passar rápido das folhas de papel. Horst começou um estágio na Mannesmann em abril de 1942, aprendendo sobre construção de gasodutos e trabalho com chapas metálicas; tinha aptidão com o lápis e se formava desenhista técnico. As paredes do quarto de Horst viviam recheadas de desenhos e, ao contrário dos quadros da sala, eles não despregavam quando as bombas caíam sobre Berlim.

Berlim se tornou um lugar enegrecido a partir de 18 de novembro de 1943, quando mais bombas passaram a cair sobre a cidade. De dia, as ruínas se tornaram um visual inextirpável. As noites ficavam mais e mais escuras. Muitas ruas em Prenzlauer Berg ficaram sem luz, todos os prédios tinham as janelas tapadas com madeira e, em cada apartamento, só um ambiente podia ser iluminado e aquecido.

A Alemanha vivia um racionamento para nutrir o exército. A alimentação era regida por pequenos papéis, e não importava o dinheiro que se tivesse economizado, pois não havia mercadoria para comprar. Diferentes tipos de carnês definiam a quantidade de alimentos, de acordo com o tamanho da família e o trabalho de cada um. Todos os dias, imensas filas se formavam na porta dos armazéns, padarias e outros pontos de distribuição. A ração básica tinha carne, cereais, linguiça, açúcar, conserva, substituto de café e, claro, batatas. Nas filas de distribuição só havia mulheres; se houvesse homens, certamente era dia de aguardente.

Richard fora incluído em uma boa categoria graças à oficina. Nesse tempo, ele ficava pouco em casa. Saía cedo para trabalhar e voltava tarde. Enquanto houve bonde, tomou-o. Quando a vida saiu dos trilhos, passou a acordar mais cedo e ia caminhando até o trabalho. Não era um homem de muitos amigos, não bebia com frequência, e não podia reclamar falta de nada que houvesse sido interrompido pela guerra, pois não era dono de nenhum hábito, hobby, sonho ou vício. A não ser o cigarro, que por ora ainda conseguia arrumar.

Richard possivelmente entendia as implicações de um país em guerra, embora acompanhasse as notícias com pouco interesse. Na casa dos Brenke quase não se ouvia rádio. Richard não lia jornais. Nunca havia tido muito conhecimento sobre a situação política, tampouco compartilhava aquele sentimento de identidade nacional demonstrado por muitos alemães. Estranhava quando cruzava com adoradores do Führer e do nazismo, e parecia conhecê-los tão mal quanto aos comunistas a quem maldiziam. Richard, contudo, sentia uma espécie de agradecimento por ter um emprego e estendia esse agradecimento à forma como a Alemanha fora conduzida nos últimos anos. Era realizado por ter um trabalho e por as coisas parecerem assentadas em casa; talvez, nunca houvesse tido sonhos maiores que esses.

Durante muito tempo, sentira-se rebaixado por sua origem. Por caminhos outros, repetia a história de seus antepassados. Seu pai, o entregador de leite, deixara a Prússia Oriental para tentar uma vida melhor em Berlim. Julius Brenke, seu avô, um agricultor em Niederung, viveu por lá até morrer, ao lado da esposa, Friederike Rehberg. Do outro lado, a mãe de Richard era filha de um pedreiro católico que se casara com uma protestante. Robert Czasch possivelmente enfrentou mais problemas que o neto ao se casar com Henriette Legner, meio século antes de Richard conhecer Margarete.

Richard pensava pouco nisso, naquele tempo; mantinha a casa com o próprio suor e isso bastava. Estava pouco interessado no que estivesse além. Concordara com a esposa quando, no início da guerra, decidiram voltar para o Brasil. Mas não lamentou terem encontrado os portos fechados tanto quanto ela. Só no final de 1943 ele teve motivos mais sérios para lamentar não ter embarcado com a família para longe dali.

Por esses dias também, a guerra se aproximou de Richard Brenke. A oficina passou a ser usada como cadeia para prisioneiros de guerra. O primeiro a aparecer foi um francês, que Richard viu chegar pelas mãos de oficiais da SS e ser trancado em uma espécie de grande gaiola improvisada. Desde então, o dia a dia teve a presença de militares, embora a vigilância não fosse rigorosa. Richard mesmo trocou meia dúzia de palavras com o francês logo no primeiro dia, quando foram, ele e todos os outros funcionários da oficina, espiar o novo morador.

Certa manhã, Richard andava pelo escritório principal, de onde via a grande gaiola. O sujeito estava de costas para ele, encostado à grade, o rosto virado de lado, podendo ver o que ocorria no salão, embora o olhar estivesse perdido em outro lugar. Estava sujo e visivelmente mal alimentado. Richard acabara de chegar para trabalhar, e se aquecia com café e comia um pão de desjejum. Observou o homem por um instante. O francês pareceu ter percebido a atenção sobre ele e fitou o mecânico. O vigia envergava-se na porta de entrada, distraído com a movimentação de outros militares no pátio. Richard deixou cair o pão de sua mão, olhou para o francês, depois para o guarda, e chutou-o em direção à grade. Lentamente, o prisioneiro se virou, esticou o braço para fora e puxou o pão para si. Guardou-o entre as mãos e o peito, deu novamente as costas e começou a comer em silêncio a grandes mordidas.

Cenas parecidas se repetiram. Vez ou outra, Richard conseguiria conversar com o sujeito. Chamava-se Jean Pierre. Trocariam correspondência no futuro.

Corriam notícias de que as coisas não iam bem desde o final de 1942, embora a propaganda nazista tentasse convencer do contrário. Em Berlim, a vigilância sobre os próprios alemães se acirrou. Em casa, nas poucas vezes que ligava o rádio, Richard não se arriscava a sintonizar as rádios inglesas para conferir se tudo o que Goebbels dizia era verdade. Sabia que aquilo era considerado um crime e que teria sérios problemas se fosse pego. Os bombardeios pioraram em 1944, quando os Lancasters da Força Aérea Real britânica receberam a companhia dos B-17 americanos.

Foi Goebbels quem foi ao rádio para convencer os alemães de que deveriam comemorar normalmente o Natal de 1944. Richard não pareceu muito animado, mas não criou problemas em casa. Margarete foi para a cozinha e começou ainda cedo a preparar a ceia. Passou o dia todo dando atenção a uma peça pequena de carne de porco que tinha conseguido comprar. Para o Natal daquele ano não haveria o tradicional ganso assado, mas Margarete havia conseguido algo. No fim da tarde, colocou a carne no forno e foi se aprontar. Um tempo depois retornou à cozinha para os retoques finais.

Horst estava sentado próximo à porta da cozinha, burilando sua coleção de selos. Era um imenso álbum, e nada lhe dava mais prazer do que aquela propriedade. Maria do Carmo chegou da sala empolgada, um livro grosso e pesado equilibrado com esforço nos braços. Tinha cansado de admirar a coleção de bonecas que mantinha em um armário de vidro no quarto e que, já sabia, não aumentaria naquele Natal. Sentou-se não muito longe de Horst, que levantou as vistas por um instante para olhar com ternura, através das grossas lentes dos óculos ovais, para a irmã, que dobrava as pernas e descarregava sobre elas o livro. Era um caprichado almanaque com fotos e relatos da carreira de Shirley Temple. Nenê era completamente apaixonada pela cantora e atriz norte-americana, apenas seis anos mais velha que ela. Maria do Carmo abriu o livro em uma página qualquer e deu de cara com Shirley em *Poor Little Rich Girl*, um filme de 1936, quando a artista tinha praticamente a idade atual de Maria do Carmo.

Da cozinha chegava o cheiro do pernil, o relógio acima da geladeira marcava oito da noite. Os blecautes nas janelas não deixavam ver que fazia uma noite clara e fria, mas não detiveram o som das sirenes anunciando ataque aéreo. Margarete teve tempo de desligar o fogo, enquanto os vizinhos já faziam barulho no corredor. Foram todos para o bunker.

Maria do Carmo sentiu que as bombas caíram perto. Aprendera a supor a distância pelo espaço de tempo entre o fim do assobio e o impacto. Durou um bom tempo, o bombardeio. Quando deixou a luz azul do bunker e voltou para casa, Richard percebeu que sentira o cheiro da comida lá de baixo. Todos comeram depois de recolocar os quadros e limpar o chão. Foi um Natal feliz, concluiria Horst. Havia boa comida.

A noite de ano-novo foi diferente. Houve bombardeio, mas não houve comida. Dias depois, Horst pegou com a mãe um cartão do racionamento e foi comprar pão. Sumiu. No dia seguinte, não havia voltado. Richard saiu em busca de notícias e também não voltou.

MOSCOU, RÚSSIA. 14 DE JUNHO DE 1945.

O TREM deixou Moscou de manhã bem cedo. Horst já não tinha forças para se levantar. O homem a seu lado estava em estado pior. Eles haviam conversado na noite anterior, quando o sujeito contou da esposa e dos dois filhos. Era um rapaz ainda, devia ter poucos anos a mais que Horst. E Horst sabia que ele não iria resistir. Só no seu vagão, ao longo da viagem, vira três prisioneiros naquele estado. Os três morreram. Haviam morrido de fome e sede, supostamente. Mas sabe-se lá o que mais poderia ser. Horst tentava escrever sobre o sujeito, enquanto o trem deixava a cidade para trás. Percebeu que isso lhe exigia um esforço grande demais. Guardou o diário.

O destino ainda era uma incógnita, e restava pouca força até para se pensar nele. Não tinham visto água ou comida nas últimas vinte e quatro horas. O trem seguia rápido, adentrando a Rússia. Viajaram todo o dia, parando várias vezes, e também boa parte da noite. No início da manhã seguinte, Horst dormia, o trem singrava lentamente à margem de um rio, o leito brincando de esconde-esconde por entre as árvores e campos salpicados de cabanas de madeira escura. Foi acordar com os freios.

Haviam chegado a uma cidade. Uma placa pendente na parede da estação dizia o nome do lugar, mas estava em cirílico e não permitia dedução. Não estavam muito distantes de Moscou, pois o trem viajara rápido no início, mas perdera o ritmo logo depois, parando muito, devido aos muitos pontos danificados da ferrovia. Fazia calor naquela manhã. Logo um guarda passou avisando que deveriam aguardar, pois aquele era o destino deles. Alguém perguntou onde estavam.

– Vladimir.

Horst nunca tinha ouvido falar de Vladimir. Não fazia parte das histórias que os soldados mais velhos no front lhe contaram. Escreveu o nome no diário e começou a se preocupar com a falta de papel. Andava tão apegado àquelas anotações que sentia ter feito um amigo. Agora sentia necessidade de escrever. Escrevera nos últimos onze dias seguidos. Pouco, para não ficar sem papel, mas diariamente. Para que fazia aquilo? Não tinha ideia. Será que alguém um dia iria encontrar esse caderninho? Será que iriam sobreviver, os dois? Parecia impossível prever qualquer coisa.

Passaram-se várias horas até que chegou a ordem de desembarcar. Os homens saltaram do vagão e fizeram fila como ordenado. Cruzaram o pequeno prédio sujo da estação e foram desaguar num descampado de terra batida. O rio, o trem e a estação estavam logo atrás de Horst, que parou por um instante para olhar em volta. Bem à sua frente, não mais que cinquenta metros adiante, havia uma colina; as árvores pequenas mas cheias acompanhando a subida, árvores maiores lá em cima, e, atrás delas, surgiam, além dos muros de pedra branca que acompanhavam a ribanceira, duas grandes torres. Uma, mais alta, tinha uma enorme cúpula dourada; a outra, menor, era mais aguda e escura; sobre ambas, uma cruz. À esquerda delas, também no alto, mas meio encoberta por árvores altas e verdes, outra torre. Solitária. Era oval e dourada, carregando também sua cruz. Reparando bem, outras duas torres menores, mais distantes, insinuavam-se em um ponto equidistante e profundo, entre as outras visíveis. No alto daquela colina estava Vladimir. À direita da estação só havia mato. Atrás, o Rio Kliazma cobrejando com suas águas calmas, acompanhadas pelos trilhos do trem.

Subiram pela lateral da colina e foram dar perto do grande muro de pedra branca que se via lá de baixo. Entraram por um caminho rente à catedral e chegaram a um terreno aos fundos, que pareceu ser o destino. Não aparentava ser exatamente um campo de prisioneiros. Era um clarão ao redor de algumas bétulas bastante altas onde havia barracas de madeira improvisadas para os prisioneiros se recolherem. Cheirava a esterco, e Horst logo entenderia por quê. O relincho de um cavalo chamou sua atenção. Ao lado, havia um estábulo desativado, mas que ainda continha alguns animais.

Desembarcaram com Horst outros trezentos homens. Foram alimentados com sopa e pão, como durante a viagem, e logo anoiteceu.

Passaram ali a primeira noite. Uma noite de céu claro, com sonhos ininterrompidos, torres o vigiando do alto, cheiro de bosta de cavalo e barulho dos animais pela manhã. Horst acordou muito cedo, com a cabeça parecendo mais em ordem, e ele pôde notar que aquele amontoado de homens tinha um cheiro tão forte quanto o que vinha do estábulo. Tentou adivinhar em que momento surgiriam os russos, dando ordens que eles não entendiam, apontando as metralhadoras para cada um que vacilasse. Logo eles apareceram, trazendo os latões com a sopa.

Os prisioneiros foram novamente despiolhados naquela manhã. Desta vez foi um alemão, um prisioneiro que havia chegado a Vladimir bem antes do novo grupo, quem fez o serviço. Até ele dar conta de todos os homens já era tarde avançada. Os prisioneiros aguardavam uma nova refeição, mas antes disso foram passados em revista e colocados em forma. Marcharam dali para fora da cidade, acompanhados por muitos guardas, uma longa caminhada, o Sol se pondo, a estrada vazia, até chegarem a outro campo bem maior que o primeiro.

O novo campo ficava no terreno de uma fábrica de tratores. Os homens foram agrupados para nova inspeção, em busca de quaisquer objetos, piolhos, feridas. Horst guardou o diário dentro de uma das botas. Se na primeira vez que fora revistado pelos russos havia ficado sem o relógio, desta vez Horst perdeu algo mais fundamental. Tomaram-lhe os óculos. Despacharam-no para o alojamento, onde se esticou como havia tempo não fazia. Escolheu a cama de baixo de um dos beliches perto da entrada e só quando se deitou percebeu que não havia colchão.

O alojamento era muito grande e meio improvisado, todo feito de madeira. O chão estava coberto com a terra levada pelas botas, e os beliches rangiam enquanto os homens se acomodavam; tinham tábuas claras e frágeis, três andares e, em alguns, sacos com palha servindo de colchão. As camas ao fundo já estavam ocupadas. Alguns homens dormiam, mas espiaram a chegada do grupo. Horst se pôs de pé quando, pouco depois, outros prisioneiros apareceram, homens que já viviam lá e retornavam do trabalho. Os guardas os chamavam de "stalingrados".

– Nos chamam assim porque quase todos aqui fomos capturados lá – explicou um deles, próximo a Horst.

– E vocês vieram direto para este campo? – perguntou um dos novatos.

– Sim – respondeu um dos stalingrados. – Logo depois do passeio por Moscou.

– Nós também passamos por lá.

– Eu sei disso. Mas nós *passeamos* por Moscou.

– O que você quer dizer?

– Que nós desfilamos pela cidade – disse outro stalingrado. – Fomos expostos para a população russa durante uma parada militar.

– Éramos milhares de exemplos da força de Stalin – tornou o primeiro. – Os russos o aplaudiam enquanto nos viam em suas mãos.

– Todos vocês?

– Praticamente. E outros sessenta ou setenta mil alemães.

Horst se ajeitou na cama. Seguiu atento ao que os outros conversavam.

– E estão todos nesta fábrica de tratores? – quis saber um dos novatos.

– Não – seguiu um stalingrado. – Há outros campos pela cidade.

– E muitos também não resistiram – interveio outro stalingrado.

– E há campos por toda a Rússia. Por toda a Rússia.

Aqueles prisioneiros tinham sido capturados durante a batalha de Stalingrado, entre o final de 1942 e o início de 1943. Quase todas as histórias que Horst ouvira no front diziam respeito a eles. Ou, ao menos, aos soldados que tiveram melhor sorte que os homens ao fundo do alojamento e não passaram os últimos dois ou três anos naquele lugar chamado Vladimir. Já deitado, Horst ouvia os stalingrados contarem que alguns foram logo enviados para Vladimir, outros tinham passado rapidamente por diferentes campos antes de desembarcar. Falaram de um grande campo em Briansk. Horst havia passado por Briansk, mas não se lembrava de ter visto um grande campo ou de terem embarcado novos prisioneiros. Os homens seguiam falando, embora a conversa parecesse mais longe. Contavam que muitos haviam chegado em péssimo estado – doentes ou alvejados. Voltaram a falar que muitos prisioneiros não haviam resistido à vida no campo de Vladimir. Horst quis se atentar novamente à conversa, mas seguiu deitado. Parecia óbvio que a vida ali não seria fácil. Mas como mais seria a vida em um campo de prisioneiros de guerra?

Mais por cansaço que por conforto, Horst adormeceu.

O domingo foi de folga para todos na fábrica de tratores. O dia seguinte amanheceu chuvoso. Todos foram expulsos da cama logo cedo para receber comida. Formaram fila e foram revistados. Um comissário russo apareceu com um intérprete e entrevistou sem muito interesse todos os novatos. Horst falou de sua nacionalidade brasileira e de sua qualificação como desenhista técnico. O sujeito não pareceu se interessar. Depois, Horst seguiu o grupo até o que chamavam de cozinha. Lá, em uma velha lata de conserva, recebeu a sopa. Deram-lhe também duzentos gramas de um pão preto de centeio. Ele comeu sentado em sua cama, a porta do alojamento aberta, enquanto observava a chuva cair sobre o campo.

Estavam rodeados por cercas de arame farpado. Era estranho olhar para elas e não ver nada surgir no horizonte. Não há montanhas em Vladimir. A fábrica de tratores estava numa parte mais alta do terreno, e tanto o campo quanto a cidade pareciam se encerrar nas cercas. Em vários pontos junto a elas, guaritas se elevavam com vigias lá em cima. Horst achou estranho que nem todos parecessem estar armados, mas não deu muita atenção. Tomou a sopa em goladas e mastigou o pão tanto quanto pôde.

Ninguém da nova leva trabalharia naquele dia, pois o comandante russo queria que se recuperassem da estafa da viagem. Para isso, comida e descanso. Horst voltou para seu beliche sem colchão após devolver a lata de conserva na cozinha e se deitou. Ainda se sentia exausto e ainda estava com fome. Viu quando os stalingrados seguiram para o trabalho.

Horst só se levantou novamente para o almoço. Ainda chovia. Recebeu sopa outra vez, e outro naco de uns duzentos gramas de pão. A comida lhe parecia aceitável, principalmente depois de ter passado fome na viagem. Ouvira, no entanto, um stalingrado dizer que não ficaria assim por muitos dias. Depois de comer quis ir ao banheiro. Não soube como pedir permissão. Usou as mãos. A sentinela russa lhe apontou uma cabana de madeira no caminho da fábrica. Horst fez suas necessidades na pequena vala, acocorado ao tronco que servia de apoio; limpou-se com mato colhido no caminho, jogou um pouco de terra no buraco e saiu. Voltou ao alojamento e tornou a dormir.

Horst foi buscar o jantar certo de que tomaria sopa de novo. Foi servido um líquido branco e cremoso a que chamavam de kasha. Ele provou. Era uma espécie de mingau. Recebeu também cem gramas de pão. Os stalingrados já estavam de volta e também comiam. Já não se mostravam tão amigáveis quanto antes. Circulou o boato de que receberiam tabaco em breve. Parecia uma boa notícia para fechar o dia.

Na manhã seguinte, mais chuva. Novamente, ninguém precisaria trabalhar. A novidade foi a comida. Serviram um peixe salgado na primeira refeição. Horst achou o gosto duvidoso, mas apreciou. Ainda assim, sentia fome o tempo todo. Os stalingrados partiram para o trabalho, e Horst foi com alguns homens andar pelo campo. Além do alojamento havia outras barracas. Uma, logo na entrada, parecia o escritório do comandante. Em outra barraca, um prisioneiro lia em voz alta algo do Freies Deutschland; noticiava que as coisas começavam a voltar ao normal na Alemanha, com os trens e o metrô retomando o funcionamento em Berlim e as pessoas conseguindo se alimentar normalmente. Horst teve dúvidas quanto à veracidade daquilo. Correu também a notícia de que no dia seguinte começariam a trabalhar. Horst achou que seria bom. A chuva havia trazido o frio, e ter ocupação seria oportuno para se esquentar e passar o tempo.

Ele escreveu um pouco durante a noite, como havia feito todos os dias desde que chegara ao campo. Estava preocupado com a falta de papel. Pensava na sua casa. Seria verdade que as coisas lá entravam no eixo? Ele tentava imaginar quando veria novamente seus pais e sua irmã.

"Quando nos veremos novamente? Se veremos", escreveu.

O dia seguinte não poderia deixar de ser especial. Era 20 de junho. Horst completava 19 anos. Não havia, ele acreditava, motivos para comemorar – embora estar vivo já fosse alguma coisa. Dormiu pensando nisso e acordou como se não tivesse dormido. A chuva se tornou um temporal. Não iriam começar a trabalhar afinal. Cabia a Horst escrever.

"Hoje cedo eu despertei e me parabenizei. Nenhuma porta foi aberta. Nenê não veio até mim pulando. Nenhum beijo da mãe, nenhum aperto de mão do pai. Mas eu espero que esse tempo retorne!

É preciso passar também por tempos ruins na vida, pois assim se aprende a estimar os bons."

Horst não se preocupou se o papel acabaria.

FORAM DEZ dias sem fazer nada, apenas se recuperando da estafa da viagem, tomando a sopa aguada da velha lata de conserva e vendo em cada gota de chuva uma lembrança dos tempos felizes. Pareceu uma eternidade. Um prisioneiro de guerra, Horst experienciou, passa a ver a vida por outra perspectiva. No jogo contra o tempo ele só podia perder. Ficar preso sem uma ocupação e sem nem mesmo estar a caminho de algum lugar era desesperador para ele. Pensava na família o tempo todo, em comida o tempo todo, na falta de sorte o tempo todo.

"Jovem, jovem! Quão desértico é o cárcere de guerra", ele escreveu por aqueles dias. "Só fui preso há dois meses e já estou cheio dele. Mas o que devem dizer aqueles que já estão aqui há três anos?"

Então a chuva finalmente parou, e Horst foi enviado para o trabalho. Já era a última semana de junho.

Foi pela manhã, logo depois da sopa e da revista. Saíram em um grupo, três filas, como seria sempre, cruzando o portão do campo em direção à cidade. Um alemão os guiava. Era o chefe de companhia, um prisioneiro como eles, que apenas estava nas mãos dos russos havia mais tempo, e por isso trabalhava para eles – ou como um deles.

Seguiram pela estrada de terra que levava até o campo. O chão ainda estava revirado pela chuva, com poças pelo caminho, mas o Sol logo daria conta delas. Era fácil perceber que estavam afastados de tudo, exceto do silêncio dos pássaros. Para chegar à cidade precisavam cruzar uma espécie de vala. Desciam o pequeno morro; na metade dele, já começaram a surgir casas, quase todas de madeira, as janelas emolduradas com ornamentos talhados em tábuas pintadas com cores vivas; muitas tinham pequenas janelas perto do chão, sugerindo a existência de um porão. Não estavam em bom estado. Uma ou outra casa tinha a base construída com alvenaria, mas a parte com tijolos e cimento funcionava apenas como uma capa, pois logo acima vinha a estrutura de madeira cheia de furos e falhas. Ainda era muito cedo, as pessoas deviam estar em casa.

Começavam a ver a vida fora do arame farpado, o mundo das pessoas livres. Tornaram a subir, mas antes de vislumbrarem como viviam os russos, eles dobraram numa estradinha também de terra e começaram a se afastar da cidade novamente; não iriam para o centro. Logo perderam a companhia das velhas casas de madeira e entraram em uma área inabitada, que logo se mostrou um canteiro de obras. Horst marchava e se perguntava o que poderia haver de serviço para um desenhista técnico como ele. Informara sua formação no interrogatório, na chegada. Tentara ser claro sobre suas qualificações. Certamente haveria algo.

Não havia.

No campo de trabalho, guardas russos esperavam pela chegada dos prisioneiros. O chefe da companhia se adiantou, apontou os prisioneiros e permaneceu algum tempo em companhia dos russos. Depois voltou para explicar o trabalho do dia. Dariam continuação à abertura e pavimentação da rua em que estavam. Ele então dividiu os homens em pequenos grupos, determinando a função de cada um. Para Horst coube terraplanar o terreno nos arredores da cidade. Não era exatamente o que esperava.

Nos dias seguintes, Horst cavou, carregou terra, descarregou caminhões com pedras e tijolos. O sol passou a maltratar. O ritmo de trabalho cansava, ainda mais para homens mal alimentados. E sempre havia um russo por perto para mandá-los, aos xingos, ir adiante, ir mais rápido, deixar de moleza, toda vez que paravam um pouco para descansar.

A comida piorou naquela semana. As batatas sumiram da sopa, que passou a ter urtiga. O pão não passava de cem gramas. Horst não demorou a sentir o reflexo disso.

No domingo, ainda não havia amanhecido quando acordaram a companhia. Foram postos para fora do alojamento, passaram pela revista e depois fizeram fila para serem interrogados por um comissário russo. O sujeito trabalhava impacientemente. Transmitia as perguntas ao chefe da companhia e já passava para outra antes que a resposta lhe fosse completamente repassada. Ele parecia entender um pouco de alemão; o chefe da companhia parecia entender um pouco de russo; mas ninguém parecia interessado em ouvir os prisioneiros a não ser ao buscar informações sobre o que haviam feito durante a guerra. Deviam estar à caça de oficiais ou de homens da SS. Enquanto aguardava, Horst se atentava para a palavra que mais ouvira desde que desembarcara: "Woina Plenni". Horst era um "Woina Plenni" também, notou quando foi sua vez de se apresentar.

Horst mais uma vez explicou ser brasileiro, ter vivido apenas três meses no exército alemão e todas as coisas que já havia dito nas vezes anteriores. O comissário anotou algo, mas não mostrou reação. Horst foi um dos últimos. O dia já raiava quando o comissário foi embora, e então os prisioneiros foram até a cozinha para tomar a sopa rala. Depois, formou-se o grupo novamente à porta do alojamento.

Os homens deixaram a fábrica de tratores, mas tomaram um caminho diferente. Caminharam em paralelo à cidade, sem vê-la, mas se pudessem chegar um pouco mais adiante veriam-na logo depois da depressão do terreno. Levaram algum tempo caminhando, uma distância curta, mas uma caminhada dura para quem estava fraco das pernas. Chegaram a um novo campo, que Horst logo descobriu se tratar do campo principal.

O terreno do campo principal talvez não fosse tão grande quanto o da fábrica de tratores, mas parecia comportar mais prisioneiros. Era um campo estruturado, com muitos alojamentos, algumas casas de alvenaria e obras ao fundo, onde também havia uma barraca de madeira de cuja chaminé subia fumaça. O grupo da fábrica de tratores parecia caminhar em direção a ela, cruzando o pátio pouco movimentado. Horst deduziu que os homens estavam no trabalho e, mais à frente da fila, ouviu claramente quando o chefe da companhia disse que haviam chegado ao destino e que ali tomariam banho.

Horst foi um dos primeiros a entrar na cabana. Encostou a mão na parede e sentiu o calor da madeira. O lugar era pequeno, mas uma porta sugeria outro ambiente. Foi ordenado que tirassem as botas e as roupas; eram seis homens, que obedeceram ao comando, depois cada um empilhou o que tinha num ponto do chão. O chefe da companhia usou o cotovelo para abrir a porta, liberando uma nuvem de vapor. Eles entraram. Suaram por cerca de dez minutos, parados, de pé, tentando entender o que faziam ali. O homem abriu novamente a porta, apontou para o fundo da sala e gritou que usassem a água, que estava armazenada em grandes latas. Eles usaram uma cabaça para apanhá-la e molhar o corpo. Um sabão grande e marrom passou de mão em mão.

Levou toda a manhã até que os prisioneiros tivessem se banhado. No mesmo dia, receberam quarenta gramas de tabaco cada um. O domingo foi um dia de folga para Horst e seu destacamento. O domingo passou a ser sempre dia de folga para eles. Cada destacamento tinha o seu. Mas não era exatamente folga. Era o dia de se banharem, o que só podia ser feito no campo principal. Isso significava passar por revista, formar fila, marchar até lá, tomar banho e aguardar todos os outros terminarem, para então voltar para o alojamento no terreno da fábrica de tratores, engolir a sopa de urtiga e perceber que já havia se passado todo o dia.

Por aqueles dias, alguns prisioneiros da fábrica de tratores foram chamados durante a noite. Retornaram, apanharam os objetos que guardavam sob a cama e partiram. Eram poloneses e franceses. Seriam enviados de volta para casa. A notícia correu o campo e todos já sabiam dela na manhã seguinte. Isso acendeu uma chama em Horst.

"Se eu como brasileiro também irei em breve? Ou são apenas sonhos!", ele escreveu no diário. "Nós nos vemos com certeza mais uma vez. Vocês vivem ainda?!". Horst parecia sentir tanta falta de casa que já conversava naturalmente com a família através das palavras escritas naquele caderninho.

A semana que se seguiu foi de calor escaldante. O trabalho foi o mesmo. O humor dos guardas pareceu pior. Chegou o domingo novamente, e Horst foi ao campo principal, mas não para o banho. Mandaram-no para o trabalho. Era dia de folga, mas um russo ordenou que terraplanassem um terreno à esquerda e nos fundos do campo principal. Seria feito um campo de futebol no local. E assim ele começou a trabalhar logo cedo, num ritmo que lhe pareceu estranho. Trabalhavam por quarenta minutos, depois ficavam outros quarenta parados, enquanto outra parte do grupo assumia o serviço. Já deviam ser dez horas da manhã, Horst olhava os colegas trabalhando sob o sol impiedoso. Lembrou-se de casa. Tinha o diário consigo. Sentou-se atrás dos companheiros e começou a escrever.

"Mais uma semana se passou!

Uma semana quente. Aqui reina momentaneamente um calor tropical.

Como será o clima em casa?

Também tão belo?"

O calor lembrou-lhe as férias passadas. Havia viajado até Prenden e se divertido muito sob o sol nos lagos da cidade. Nem pensou na guerra durante aqueles dias. Agora, sentado ao chão de um campo de prisioneiros de guerra, não conseguia concluir se era bom ou ruim ter ainda boas lembranças.

Os quarenta minutos se passaram e ele voltou ao trabalho.

Mais uma semana se passou. Chegou outro domingo. Completavam-se quatro semanas em Vladimir. Nesse domingo, além do banho, Horst foi despiolhado. Foram-se embora novamente os cabelos. E foi uma sensação ótima estar limpo. Bastava voltar para o alojamento, no entanto, e logo voltava a se coçar. Reapareciam os piolhos. Nada surpreendente, afinal a roupa era a mesma. Horst usava o mesmo uniforme com que havia sido preso em Halbe. Não poderia ser diferente. Piolhos, mau cheiro, coceira, feridas nos pés. Sentado ao chão do campo principal, temporariamente limpo, Horst pegou novamente o diário.

"Domingo ao meio-dia em casa. A comida deveria ter acabado de ficar pronta. Teria juntado os selos tão vagarosamente, colocaria a prancheta de desenho no canto e então iria sentar-me à mesa coberta de branco para comer alegre e confortavelmente! Agora se percebe quão boa a vida era! Apesar das cartelas de racionamento de alimentos, apesar dos bombardeios e outras coisas, de que se reclamou naquele tempo! Esse tempo volta mais uma vez?"

A vida numa Berlim em guerra começou a dar saudades. Tudo dependia da perspectiva, e a de Horst era muito frágil. Ele não escreveu nas duas semanas seguintes.

BERLIM, ALEMANHA. JANEIRO DE 1945

MARGARETE E Maria do Carmo restaram sozinhas em casa. Nos primeiros dias buscaram notícias dos homens, mas não conseguiram nada. Numa manhã em que já haviam desistido de procurar, Maria do Carmo pegou o balde e foi até a rua. Em frente ao prédio, acompanhando a calçada do outro lado, havia uma vala e a bomba de água, que já reunia muitas mulheres. Maria do Carmo sabia o intuito daquela obra: oferecer água para apagar os incêndios causados pelos bombardeios. Desde que acabara a água do prédio, no entanto, era aquela água de cor duvidosa que ela e a mãe usavam em casa.

Margarete estava deitada no sofá da cozinha e ainda pensava no marido e no filho. Ela sabia que os dois estavam na guerra. Todos os homens da cidade haviam sido mandados para a guerra ou recrutados pela Volkssturm. Os que não quiseram combater tiveram de se esconder ou fugir, mas eram caçados pela polícia e presos quando encontrados. Muitos foram mortos também. Margarete ouvira falar de um homem enforcado, pendurado ao poste da rua, marcado como traidor por uma placa pendurada ao peito. Pensar nisso lhe dava arrepios.

Ela compreendia que a guerra não andava bem para os alemães. Já havia algum tempo o racionamento enrijecera em Berlim; passava-se muito tempo no bunker e, mesmo em casa, vivia-se com a sensação de aprisionamento. Margarete sabia que não havia bunker para todos, ainda mais porque não parava de chegar gente a Berlim. Todo dia chegavam caravanas nos trens ou a pé, de regiões em que os russos já haviam chegado. Sempre mulheres e crianças. Só mulheres e crianças. Os homens estavam na guerra. Ou mortos.

Era uma manhã fria, pois o frio em Berlim era forte naquele janeiro. Na casa dos Brenke, só a cozinha em que Margarete estava deitada tinha aquecimento. Maria do Carmo voltou com o balde e reclamando do frio. À noite, Margarete ainda esquentava tijolos e os embrulhava em jornal para pôr sob o colchão da filha. O apartamento estava frio e escuro. As cortinas de blecautes, antes acionadas assim que a noite chegava, eram usadas o dia inteiro. Os móveis de madeira escura e o vazio deixado por Richard e Horst deixavam o lugar sombrio e lúgubre.

As duas comeram o único pedaço de pão que havia na casa, e Maria do Carmo ferveu a água para usar o substituto de café que detestava. Margarete a chamou para ir à padaria algumas quadras adiante. Corria boca a boca a notícia de que lá havia comida, isto é, farinha e gordura, para ser trocada pelos cupons. Saíram as duas, a filha de mãos dadas com a mãe, embalada em um casaco de cor indefinida que lhe parecia pequeno. Encontraram uma fila imensa na padaria.

Havia sempre o risco de a comida acabar antes de todos serem atendidos. Na fila só havia mulheres, que falavam desorientadamente; davam notícias da guerra, coisas que ouviram pelo rádio, por fontes seguras ou por vozes em suas cabeças. As pessoas viviam caladas em Berlim naqueles tempos, com exceção das filas de racionamento. Ali, era um falatório imenso; discutiam política, xingavam líderes, inimigos, vizinhos e parentes.

Maria do Carmo tentava decodificar alguma frase enquanto assumia lugar na fila. Viu quando um vizinho de bairro, a quem conhecia apenas de vista e cujo nome, sabia, era Rosenberg, passou e foi direto ao balcão. Velho e aleijado, não precisava esperar sua vez para receber comida. Margarete, tempos atrás, contara à filha que Rosenberg tinha se ferido em combate, no início da guerra. Logo atendido, Rosenberg se agarrou aos alimentos e saiu se arrastando com bravura rua afora.

As duas conseguiram pegar a ração. Voltaram para casa, e Maria do Carmo foi observando a cidade. Havia muitas casas destruídas. Vários prédios, vários dos muitos prédios de quatro andares dos bairros operários do leste de Berlim, praticamente iguais ao da Gubitzstraße 11, eram esqueletos em pé. Os bombardeios haviam destruído telhados, pisos, móveis, paredes e janelas; restavam eretas, emergindo dos destroços como uma espinha, as vigas sobreviventes dos prédios, com algumas meias-paredes enegrecidas e fumaça intermitente, ainda que o lugar tivesse sido atingido vários dias antes. Muitas pessoas ainda se aventuravam entre os destroços. Maria do Carmo concluiu que elas procuravam objetos, talvez roupas; mas era bem possível que estivessem ainda procurando familiares e conhecidos.

Uma carroça passou apinhada de soldados. Maria do Carmo os olhou com interesse. Pensou na primeira vez que vira um tanque. Fazia tempo que não os via. Elas caminhavam apressadas pelo dia cinza. Não nevava naquela manhã. Já parecia não haver árvores em Prenzlauer Berg. A sujeira passara a ser indecifrável, uma mistura do lixo que não era recolhido havia semanas, destroços, cinzas de onde houvera fogo, animais mortos. Depois da carroça, as duas viram um grupo de soldados surgir em marcha; tinham caras cansadas, alguns caminhavam com dificuldade; todos pareciam barbeados. Margarete e Maria do Carmo evitavam o centro das ruas, caminhavam pelos cantos, margeando os destroços e os prédios inteiros. Elas já estavam quase em casa quando o alarme soou.

Correram para o bunker. O alarme continuava a soar todos os dias. Normalmente, Maria do Carmo percebera, uma vez pela manhã, outra à tarde. Certos dias ocorria duas vezes pela noite: a primeira às oito, a segunda às onze. Nos últimos dias, contudo, a pontualidade fora abandonada, e um ataque poderia ocorrer a qualquer momento, inclusive sem aviso. Sua mãe lhe explicara que quando se ouvia o estrondo da bomba e logo depois a sirene, era sinal de que faltava energia e o aviso estava sendo feito manualmente. Ouvir o aviso, nesses casos, Margarete não contou à filha, era um bom sinal. Sinal de que se seguia vivo.

Maria do Carmo estava prestes a completar onze anos, mas já parecia uma mocinha. Tanto pelo tamanho quanto pelas atitudes que aquele cotidiano lhe exigia. Cozinhava, lavava roupa e, muitas vezes, quando a mãe estava de cama, era quem cuidava de tudo. Apesar disso, não tinha permissão para sair sozinha. Só mesmo até o outro lado da rua, todas as manhãs, quando ia buscar água no balde remendado. Assumira essa tarefa desde o dia em que a mãe deixara o balde cair, por fraqueza.

Quando finalmente entraram em casa, meia hora depois do primeiro alarme e de se esconderem no bunker, Margarete caiu no sofá e instruiu a filha sobre o que fazer para o almoço. Fechou os olhos por um momento e tentou não pensar no filho e no marido.

Havia muito ela receava que as coisas tomariam aquele rumo. Ouvindo as notícias da guerra e vendo as mudanças na cidade, percebia que os planos alemães não iam bem. Temia ver o filme se repetir. Era muito criança quando os irmãos foram e nunca voltaram do front, mas conseguia reconhecer a semelhança do clima – e os riscos que ele apresentava. Desde o início tivera medo. Não precisara pensar muito para decidir voltar ao Brasil. Suas preces não fizeram o porto reabrir, mas pareciam ter sucesso em manter o marido e o filho longe da guerra. Até que eles sumiram.

Todo o mês de janeiro foi gelado. Fevereiro foi de menos frio e mais bombardeios. Margarete passou mais tempo entregue ao sofá. Para a filha, no entanto, continuava tentando se mostrar forte. Costumava distraí-la com histórias do seu tempo de criança. Contava da viagem que fizera aos dez anos, quando toda a família foi para a África. Viveram em Angra Pequena, na Namíbia, em uma grande casa bem diferente daquela em Berlim. Tinha telhado de palha, poucos móveis e muitas árvores ao redor. Nos galhos dessas árvores, macacos. Eram muitos, e a família adotara um macaquinho a quem chamavam de Hernann. Muitas vezes, vestiam Hernann com roupas de criança e costumavam convidá-lo para tomar café da tarde. Posta a mesa, gostavam de deixar o convidado sozinho, advertindo que voltariam logo e que ele deveria se comportar, não tocando na comida antes que voltassem. Assim que saíam, o macaquinho não resistia e atacava o bolo, tomava um gole do café e partia em disparada pelo galho mais próximo, antes que os donos da casa reaparecessem e ralhassem com ele. De longe, Margarete e as irmãs observavam tudo e caíam no riso.

Maria do Carmo ouvia desde pequena essa história. Entrava março quando Margarete percebeu que sua viagem à África não animava mais a filha. Mandou Maria do Carmo se arrumar para passear. A menina teve dúvidas se o convite era verdadeiro. Mas era. Foram a Unter den Linden, onde Maria do Carmo adorava observar as vitrines e as pessoas, que nos tempos de paz caminhavam altivas e bem vestidas. Logo descobriram que a guerra havia passado pela avenida. Muitos dos belos prédios tinham sido atingidos. Logo após a Schloßbrücke, o Alte Kommandantur havia sofrido, mas conseguia mostrar algo de seu estilo barroco. Do outro lado da rua, o Zeughaus apresentava melhor estado. Passaram pelos palácios, alguns mais, outros menos danificados. Quando estavam perto da Praça da Ópera, já no fim da tarde, foram surpreendidas pelo alarme antiaéreo. Correram para o U-Bahn, que pouco funcionava como meio de transporte, mas muito servia de bunker. Logo ele ficou cheio de gente. Maria do Carmo teve medo, mas gostou do passeio quando já estava em casa, naquela noite. Voltaram sãs e salvas, e Margarete, completamente esgotada.

No mês de abril, em Berlim, já era perceptível que a Alemanha perdera a guerra. Estava ao alcance dos ouvidos. Os russos poderiam chegar a qualquer momento, e com eles começou a correr pelas ruas um terror semelhante ao que sentiam os soldados alemães à iminência da derrota. Os russos ainda não haviam se aproximado da Gubitzstraße – combatiam crianças, velhos e os últimos soldados alemães, que tentavam desesperadamente conter os inimigos nos canais que circundam a cidade. Mas, sabia-se, não demorariam a chegar.

Margarete e Maria do Carmo não tinham saído de casa nos últimos dias, mas quase não tinham o que comer e, como todos no prédio, queriam fazer reservas para se esconderem no bunker. Decidiram se arriscar.

Foram até o mercado onde a ração havia sido entregue nos últimos dias, e tão logo chegaram perceberam que muitos outros haviam tido a mesma ideia. O lugar estava abarrotado e fora de controle. Não havia mais filas, mas, sim, uma aglomeração com empurrões, gritaria, pessoas caídas no chão ou discutindo. Não havia outro assunto além da iminente chegada dos russos. De uma hora para a outra, parecia que todos odiavam Hitler e não receavam mais falar nisso. A fila era composta quase que só por mulheres, mas não muito longe dali um grupo de homens, muito mais homens do que as duas puderam ver nos últimos tempos, se acotovelavam para conseguir aguardente. Margarete tentava não soltar as mãos de Maria do Carmo. Ficou nervosa com a agitação. Percebia que os modos das mulheres haviam se deteriorado. Elas falavam de forma chula. Além disso, vestiam-se sem qualquer zelo. Se por um instante olhou para a própria roupa, viu que ela mesma não escapava à regra.

As duas estavam relativamente perto de entrar no mercado quando um casal, no meio da balbúrdia, subiu no balcão. Maria do Carmo assistia a tudo como se mais nada estivesse acontecendo por ali, e só os três – ela e o casal –, estivessem presentes. O homem passou uma corda sobre o pilar do telhado, deu voltas, encoleirou a esposa e a si mesmo, e então se jogaram, um de cada lado do balcão. Suicidaram-se. No mercado ainda só existiam os três, na cabeça de Maria do Carmo. Tudo era silencioso e lento. Até que seus ouvidos voltaram à atividade.

Foi uma gritaria imensa. Homens surgiram e tentaram intervir. O transtorno ficou ainda maior. Pessoas saíram correndo, outras entraram aos esbarrões. Gritavam de horror e desespero. Então começaram a saquear. Muitos deixaram o casal morto de lado e se preocuparam em conseguir alguma coisa. O lugar voltou a se encher de gente. Foi a poucos metros de Maria do Carmo que Rosenberg, o velho aleijado que conseguia receber os alimentos sem fila, quase tropeçou. Saía correndo apressado com um saco cheio de comida saqueada. Maria do Carmo o acompanhou com o olhar, boiando entre a profusão de gente, a mãe tentando protegê-la. Rosenberg corria normalmente, usando um dos braços para se desvencilhar da multidão.

As duas foram embora sem nada naquele dia.

VLADIMIR, RÚSSIA. 23 DE JULHO DE 1945.

DEZENAS DE prisioneiros em fila aguardavam a ordem de deixar o campo para caminharem até o trabalho. Encostado à parede do alojamento, Horst os via, ansioso, enquanto fumava um cigarro, com cuidado para não queimar a ponta dos dedos. O Sol, no horizonte além do arame farpado, havia colocado apenas os olhos para fora, mas tornava os colegas apenas borrões; um borrão atrás de outro borrão, e assim infinitamente até o amarelo da alvorada. Horst sabia que, naquela manhã, eles continuariam a pavimentação da rua próxima à cidade, onde ele também havia trabalhado dois dias antes. Horst, no entanto, aguardava com quatro outros prisioneiros que o vigia os buscasse e levasse até um escritório na cidade. Começaria a trabalhar em sua profissão.

Os homens partiram e o cigarro acabou. Horst queimou a ponta dos dedos. O vigia não demorou a chegar, e cruzaram os cinco o portão da fábrica de tratores. A estrada diante do campo começava plana, mas logo principiava a descer. A inclinação era leve; Horst sentia a mudança nas pernas fracas. Passaram perto do campo principal e seguiram. Caminharam por meia hora até chegarem à cidade, e depois mais alguns minutos até onde parecia ser o lugar do trabalho. Era um prédio baixo, com imensas pilastras em estilo romano na entrada, bem ao gosto do que Stalin havia espalhado pela Rússia nos anos anteriores.

Horst foi entregue pelo vigia a outro prisioneiro, que o levou até o chefe do escritório. Era um russo bem mais velho, usava um uniforme idêntico ao dos comissários do GPU que costumavam interrogar os prisioneiros, o que fez Horst concluir que era um deles. O sujeito foi cortês, para sua surpresa. Levou-o até a sala em que começaria a trabalhar e o deixou com alguns homens que lá se encontravam. Eram alemães também, trabalhavam no escritório havia mais tempo. Eles lhe explicaram as tarefas.

O escritório de construções técnicas tinha a função de planejar as obras que ocorriam na cidade – normalmente, construção de casas, pavimentação de ruas, canalização da água e esgoto, além de reparos na ferrovia, nas vias, nas estradas e numa infinidade de coisas, pois tudo em Vladimir parecia danificado. Todo o entorno da cidade era um canteiro de obras. Quem explicou isso a Horst foi um sujeito chamado Jupp. Horst gostou do novo camarada e logo viu que tivera sorte de conseguir aquele trabalho. Criou esperanças de mostrar serviço e seguir por ali. Por um momento, até se esqueceu de pensar na volta para casa.

Horst sentou-se à mesa e começou a revisar cálculos a pedido de Jupp. Às vezes levantava as vistas do papel. Todos estavam concentrados no trabalho. A sala do escritório era ampla, não parecia bem ventilada, porque deixava oco o som que chegava da rua. Havia uma espécie de cozinha à sua frente. No canto próximo a ele, alguns quadros, no chão, inclinados sobre a parede. Também havia deles na parede. Os cálculos não lhe exigiam muito, Horst trabalhou neles durante a manhã. Receou conversar com os colegas, mas logo viu que não havia problema em trocar algumas palavras. O novo chefe parecia diferente do anterior. Enquanto trabalhou na obra próximo à cidade, um minuto que parasse para respirar era motivo para uma esbravejada. Enxotavam os Woina Plennis imediatamente de volta ao trabalho. Ali parecia ser diferente.

Por volta do meio-dia trouxeram o almoço. A mesma sopa de batatas com duzentos gramas de pão. Alguns russos, que moravam no mesmo prédio do escritório, apareceram para comer. Entre eles, duas mulheres, aparentemente mãe e filha, que não pareciam mais bem alimentadas que o próprio Horst. Ele concluiu que os civis viviam tão mal quanto os prisioneiros. Apenas tinham liberdade. Além disso, logo descobriria, eles fumavam um cigarro a que chamavam papirosa. Era um papel comum a enrolar o tabaco, mas eles colocavam uma espécie de bico em uma das pontas. Assim, aproveitavam tudo que houvesse para fumar, não desperdiçando nem um trago. Além disso, não queimavam a ponta dos dedos.

No começo da tarde, Horst rabiscava um papel sobre sua mesa. A sala estava silenciosa, cada um parecia ocupado com sua função. Jupp se aproximou e puxou conversa.

— De onde você é, Horst?

— Sou brasileiro.

— Brasileiro? Falando alemão?

— Brasileiro.

— Mas onde você estava quando começou a guerra? – perguntou Jupp.

— Em Berlim.

— Mas você não é brasileiro?

— Sou – afirmou Horst. – Meus pais são alemães.

Jupp assentiu com a cabeça.

— Voltamos para a Alemanha quando eu ainda era criança – continuou Horst.

— Berlim, então.

— Sim.

— Eu sou de Bochum – tornou Jupp.

— Bochum?

— Isso mesmo.

— A minha mãe nasceu em Mülheim.

— Mülheim an der Ruhr?

— Sim – confirmou Horst. – Acho que meu avô nasceu em Bochum. Blankenstein, se não estou enganado.

— Sim, Blankenstein. E qual o nome de sua família?

— Brenke.

— Me parece um nome austríaco. Não conheço nenhum Brenke em Bochum.

— A família da minha mãe se chama Birkenfeld, na verdade. Brenke é o sobrenome do meu pai.

— Os Birkenfeld de Bochum, então.

— Mülheim an der Ruhr.

— Que seja. Também não conheço nenhum Birkenfeld – disse Jupp. – O que você estudou para ser mandado aqui para o escritório?

— Me formei desenhista técnico.

— Desenhista técnico.

– E você? – quis saber Horst.

– Eu sou arquiteto.

– Um arquiteto de Bochum.

– Sim, um arquiteto de Bochum.

– Há quanto tempo você está em Vladimir?

– Três meses – disse Jupp, sem precisar fazer contas. – E você?

– Quarenta dias.

– Onde te pegaram?

– Em Halbe.

– Halbe?

– Sim. Não fica muito longe de Berlim. Tentávamos seguir para o oeste, talvez para o lado americano, mas antes disso fomos cercados em Halbe.

– Os russos já estavam dentro da Alemanha, então?

– Já haviam nos ultrapassado e chegado a Berlim.

– Já estavam em Berlim?

– Já – Horst confirmou. – E você combateu em que lugar?

– Antes me diga, você foi ferido?

– Não.

– Eu parei no exército – dizia Jupp, quando foi interrompido. O chefe do escritório surgiu e resmungou qualquer coisa em russo. Os dois encerraram a conversa. Voltaram para suas mesas, Horst tornou a rabiscar o papel.

– Ele percebeu que falávamos da guerra – disse Jupp pouco depois. – O capitão não gosta que falemos de guerra. Ele foi piloto na guerra. Foi duas vezes abatido.

– Duas vezes abatido? – Horst falava em voz baixa, cuidando para que não fosse notado pelo chefe.

– Sim, por nós, alemães.

– Hum.

– Ele não gosta que falemos de guerra.

– Ele pareceu bravo – tornou Horst.

– Ele fica furioso se falamos da guerra.

Os dois voltaram ao trabalho.

A tarde passou rápido. Horst pensou algumas vezes em como estaria o trabalho na obra das ruas próximas à cidade. Estaria exausto àquela hora se estivesse lá. Pouco depois, o final do trabalho foi anunciado pelo capitão, que já não aparentava qualquer sinal de irritação. Horst foi se lavar no porão.

Ainda era dia claro, mas estava escuro no prédio. Horst desceu sozinho, sem companhia ou vigia. Chegando lá embaixo, esquadrinhava o local em busca de água, quando percebeu que havia uma garota. Ela também o viu. Por um instante, ninguém disse nada.

– Privet! – Horst disse.

Ela respondeu algo baixinho e fez menção de fugir. Teria que passar por Horst, então se deteve.

– Qual o seu nome? – Horst tentou reproduzir o melhor que pôde a pergunta que ouvira várias vezes durante os interrogatórios.

A moça não quis responder.

– Horst – ele disse, e apontou para o próprio peito. – Imya, Horst – completou.

A garota o olhou finalmente. Tinha a pele muito branca, os cabelos loiros, o rosto de traços juvenis um pouco encoberto pelos fios longos. Usava uma saia comprida e preta de algodão cru. A camisa era de mangas longas e um xale lhe cobria os ombros.

– Alexandra – finalmente respondeu.

Horst se aproximou e tentou conversar, misturando palavras em russo com outras em alemão e algumas do português. Desde os primeiros dias ouvia palavras em russo que lhe pareciam português. Passara a acreditar que seria entendido se falasse português. Alexandra riu. Eles não pareciam se entender, mas divertiam-se. O vigia chegou pelas escadas com os outros prisioneiros e viu os dois. Soltou impropérios que só a garota compreendeu. Ela passou por Horst e se foi escada acima. Horst deduziu o teor da bronca e foi terminar de se lavar para ir também.

Horst esperou que os outros homens se lavassem, e subiram quando o vigia ordenou. Assim que deixou o prédio, viu à sua frente a igreja de São Nicolau, pequena, o campanário vazio furando as nuvens da noite que teimava em chegar. Ao lado da igreja começava o muro do monastério, que ia longe, até a vista se perder ou se prender na grande bola dourada que surgia de dentro dele. Era a mesma cúpula que ele vira ao chegar a Vladimir, quarenta dias antes. Lá embaixo, lá do outro lado, atrás daquele muro sem fim do velho monastério, estavam o rio e a linha férrea que poderia levá-lo de volta para casa. Do outro lado da rua, Horst observava o muro, que não permitia ver a saída. Aquela era a principal rua da cidade, mas não lhe parecia mais que um caminhozinho para lugar algum. Não seria necessário mais que vinte ou trinta passos para atravessá-la. Se saísse correndo, em poucos minutos estaria na estação. Tinha, no entanto, quarenta minutos de caminhada até o campo de prisioneiros.

O vigia ralhou para que partissem, Horst voltou de seus pensamentos, e eles seguiram por um caminho diferente do que haviam tomado na vinda. Durante a marcha de volta ao campo, Horst teve a oportunidade de ver melhor a cidade. Achou Vladimir um lugar triste. As pessoas ali não viviam tão bem quanto ele pensara. A cada rua que dobrava, atentava para as casas, as casinhas de madeira escura, suas janelas emolduradas, as pessoas que surgiam nebulosas por trás delas, os olhares indecifráveis que lhe lançavam, tudo, tudo era novidade e parecia ter algum significado para ele.

As casas eram ruins, as ruas, esburacadas e sujas. Volta e meia o mau cheiro cruzava o caminho de volta, pois toda a canalização da cidade ainda estava destruída, e as pessoas tinham de cavar covas no quintal das casas para jogar as fezes. Havia muito entulho, muito mato. Umas ruas de pedra, outras de terra, as casinhas de madeira, o mato crescendo, o lixo nos cantos, a estrada chegando, a cidade nas costas... o campo surgiu lá adiante.

Houve sopa aquela noite. Horst teve de aguardar pela revista, pois o grupo que trabalhara no canteiro de obras havia chegado um pouco antes. Ficou entre os últimos, comeu rapidamente e foi logo se deitar. Não escreveu, como não escreveria nos dias seguintes. Estava cansado, embora imaginasse que os outros prisioneiros estivessem muito mais. Além disso, por algum motivo, costumava não escrever quando se sentia um pouco feliz. E, por mais estranho que pudesse parecer, aquele foi um bom dia para ele.

VLADIMIR, RÚSSIA. 16 DE AGOSTO DE 1945.

HORST CHEGOU ao trabalho e foi até o porão para se lavar. Estava suado. A caminhada sob o sol forte o deixara um pouco zonzo. Alexandra estava lá; trazia-lhe pão. Horst o pegou das mãos dela, agradeceu e tentou conversar uma vez mais; eles já se entendiam, muitas vezes. Horst e Alexandra se encontravam sempre que possível. Todos os dias, pela manhã e na hora de deixar o trabalho, ele ia até o porão e lá estava ela, esperando-o. Sempre trazia algo consigo, ainda que fosse apenas um pedaço de pão ou uma cenoura. Todos os dias nas últimas três semanas e meia. Alexandra vivia com as duas mulheres que Horst vira no primeiro dia – eram sua mãe e sua avó. As duas saíam cedo para trabalhar, Alexandra ainda ia à escola. Moravam juntas num minúsculo apartamento que divisava com a sala de Horst. O pai de Alexandra havia sido major do exército soviético. Fora morto pelo GPU.

Horst andava aprendendo cada vez mais palavras em russo. Havia muito já se assumira como um "Woina Plenni". Desde que chegara, era como ouvia os guardas se referirem a ele e seus companheiros. Demorou um pouco, mas deduziu que significava "prisioneiro de guerra". Por vezes, quando a conversa dos guardas próximo ao alojamento chegava até ele, passava um longo tempo prestando atenção. Acreditava reconhecer algumas palavras e as guardava para usar com Alexandra ou no escritório. Com o tempo deu sentido à repreenda que ouvira no dia em que conhecera Alexandra: "Tudo deve ser reportado ao campo", dissera aquele sujeito, que tinha sempre um tom agressivo com os *plennis*.

Horst terminou de comer o pão e se voltou para Alexandra, que o olhava.

– Alexandra – ele disse em tom baixo –, quer ir comigo para o Brasil?

Ela ficou constrangida e não respondeu. Horst se aproximou e perguntou baixinho por que ela não respondia.

– Eu sou uma russa – ela disse. – Você é um alemão. Você com certeza terá uma garota que espera por você.

Horst havia voltado a pensar nas chances de ir embora para casa. A partida de um novo trem no dia anterior foi o que o incentivou. Um grande grupo de prisioneiros havia partido. Sujeitos de sorte, aqueles. Horst os viu deixar o campo em direção à estação. Foram todos colocados em um caminhão, sequer precisariam caminhar até a estação. Na verdade, não poderiam. "São as pessoas O.K.", um dos prisioneiros explicara a Horst, que então perguntou o que isso significava. "Esqueletos metamorfoseados", respondeu o sujeito, enquanto deixava Horst com seus pensamentos.

Era verdade. Os prisioneiros que deixavam o campo estavam doentes. Não serviam para o trabalho, por isso voltariam para casa. Muitos deles não aguentariam a viagem de volta. Havia muitos homens naquela situação no campo da fábrica de tratores, e isso causava um grande desânimo em Horst, todas as noites, quando voltava do trabalho no escritório de construções técnicas, aquele paraíso atrás das grandes pilastras de Stalin.

Quando Horst subiu ao escritório, ainda pensando na resposta de Alexandra, encontrou os homens reunidos em torno do comandante. Ele contava uma história, sua voz era alta e ele balançava muito os braços. Horst se aproximou, mas tentou manter uma distância segura do chefe. Tinha aprendido isso logo nos primeiros dias de trabalho.

Havia sido no segundo dia de trabalho, pelo que Horst se lembrava. Ele estava sentado à sua mesa no escritório e o ambiente era preenchido por música de piano. Os quadros seguiam no canto – ele agora sabia, tinham sido pintados pelo capitão. Horst o considerava um bom pintor. Talvez fosse apenas porque simpatizava com ele, mas achava. Jupp estava próximo a Horst, e os dois se viraram ao mesmo tempo quando o capitão chamou. Eles foram até a mesa dele, onde outros prisioneiros já o rodeavam. O capitão falava alto, gesticulava muito, se levantava e voltava a sentar. Perdigotos voavam e iam pousar nos ouvintes. Alguns se entreolhavam. Horst não entendia muito bem o que o chefe contava. O capitão então bateu palmas. Soltou uma gargalhada. Os prisioneiros riram. Horst não entendeu. O capitão seguiu contando a história. Cuspia no chão de vez em quando. Os perdigotos seguiam ganhando o ar do escritório de construções técnicas. Alguns o atingiram e ele tentou se limpar. O capitão aumentou o tom da voz. Bateu palmas novamente. Danou a rir. Os prisioneiros também. Jupp ria. Deu um tapa nas costas de Horst.

– Você deve rir também! – disse Jupp.

– Mas eu não entendi a história.

– Ninguém entendeu! – tornou. – Ria!

Horst riu também. Não mostrou muito talento para fingir o riso. O capitão estava vermelho de tanto gargalhar. Alguns dos homens conseguiam rir com veracidade.

O capitão adorava contar histórias, Horst descobriu. Juntava alguns woinas em torno de si e começava a cuspir para todos os cantos. Realmente adorava contar histórias. Mas era preciso rir. A maioria dos woinas não entendia as histórias, alguns identificavam uma palavra ou outra, mas todos tinham que ficar atentos à deixa, que era a pequena pausa antes de o capitão estalar sua risada rouca, e, aí, gargalhar com vontade. Horst achava o capitão um bom sujeito, um russo de bom coração, embora se incomodasse um pouco com o hábito do chefe de cuspir o tempo todo. Às vezes era história, gargalhada, cuspida, tudo em sequência e sem intervalo definido. Horst ainda precisava melhorar sua atuação. O capitão terminou a história daquela manhã. Horst riu, os zigomas saltando da pele ainda quente da caminhada, e foi se sentar, ele e os outros.

O trabalho no escritório ajudava Horst a manter a sanidade. À noite, quando voltava para o campo, retornava à realidade e era tomado de profunda tristeza. Agosto ia passando e as primeiras cartas foram distribuídas. Os prisioneiros que estavam lá havia mais de dois anos puderam escrever para casa. Não era o caso de Horst. Aos domingos, após o banho, costumava dedicar muito tempo ao diário. Só às vezes escrevia no escritório. E só andava tendo interesse em dormir quando voltava ao alojamento.

Numa noite, ele voltou para o campo e, depois da comida engolida às pressas e da inspeção, foi logo se deitar. Seguia sem colchão, artefato raro no alojamento da fábrica de tratores. No galpão de Horst, dormiam seiscentos homens encavalados em beliches improvisados de três andares. Quase ninguém tinha colchão. No beliche ao lado de Horst, dormia Fraus, um alemão mais velho de quem tinha ficado amigo. Os dois vinham conversando menos desde que Horst passara ao escritório. Naquela noite, quando Horst se deitou, Fraus já parecia adormecido. Horst estava distraído quando ouviu o estrondo: a bancada do terceiro andar do beliche em que Fraus dormia despencou, levando com ela o segundo andar e esmagando o morador no térreo. Morreu na hora.

Fraus não foi o único do alojamento a partir naqueles dias. Outro morreu dias depois, doente. As duas mortes causaram um grande mal-estar entre os prisioneiros. Horst anotou no diário:

"Ontem morreu outro colega! Um de 18 anos! Nada excepcional, pois só pode ser assim! Eu tenho a impressão de que eu também não suporto o inverno. Bem, pois nós tivemos apenas azar. Ou, então, eu saio vivo disso, mas com algum sofrimento. Pois ser prisioneiro de guerra é difícil, mesmo para os jovens!"

Horst tentava não pensar nisso enquanto iniciava o trabalho no escritório. A manhã passou silenciosamente, depois da história do capitão. Talvez fosse o calor. Houve a pausa para o almoço, que era um pouco melhor que o do campo; a tarde seguiu quente e modorrenta. Horst se virou e seus pensamentos se perderam a observar a sala do escritório. Era uma grande sorte ter ido parar ali. De novo pensou em como seria se ainda estivesse carregando terra no canteiro de obras. Percebeu o capitão concentrado em sua mesa. Jogava xadrez. Ele pareceu ter percebido que era observado. Horst tentou disfarçar e voltar o rosto para o trabalho em sua mesa. O capitão disse algo e apontou para o tabuleiro. Horst entendeu o convite, se levantou e foi até lá. Sentou-se. Começaram a jogar.

Ele sequer havia perdido o primeiro peão e já pensava no extraordinário daquela cena. Estava jogando xadrez com um russo capitão do GPU. Era um prisioneiro de guerra naquela cidade perdida no meio da Rússia e jogava xadrez com seu chefe russo. Seu ânimo não parecia menos inocente do que quando fora enviado para o front. O jogo seguia. Horst sabia que iria perder. Era apenas um peão. Uma peça sem importância no tabuleiro. Seria possível ganhar um jogo apenas com peões? Obviamente não. Com peões e bispos? Também não. Rezar adiantava pouco para os prisioneiros de guerra, embora parecesse preciso também. Ainda assim, não poderiam com as torres, os cavalos, além, claro, da rainha. Dizem que o xadrez foi inspirado nas guerras. Não à toa os peões costumam ser os primeiros a deixar o jogo. Quem diria, Horst?! Jogando xadrez com um russo capitão do

GPU. Horst era o único dos trabalhadores do escritório que sabia jogar xadrez. Caiu nas graças do capitão. Assim que terminaram a partida chegou ao fim também o dia de trabalho.

Naquela noite, Horst de volta ao campo, seu pai lhe veio à cabeça. Era 16 de agosto; faltavam quatro dias para o aniversário dele. Horst não sabia como ele estava. Não sabia se Richard estava vivo. Escreveu sobre isso, deitado na cama dura, o corpo doendo, a barriga rangendo como os beliches enquanto os homens iam deitando. A comida andava bem ruim na fábrica de tratores. Já fazia alguns dias que, pela manhã e à noite, serviam a mesma coisa, uma água com farelo dissolvido. O almoço no escritório era melhor, mas nada que fosse suficiente para manter um homem saudável.

"Um dia bem quente! O Sol tem boas intenções com nossos *Plennis*", Horst escreveu. "Mas ele também causa o contrário, pois fica-se cansado e mole. Eu devo reclamar menos sobre isso, pois eu tenho sorte de ainda trabalhar no escritório! Mas em breve terá também essa maravilha um fim." Ele ainda receava deixar o escritório, ou talvez apenas se referisse ao inverno, que não tardaria a chegar. "16 de agosto. Sim! Em quatro dias o pai fará aniversário!, e eu já não sei se ele ainda vive."

"Com certeza, papai, eu te dou os parabéns verdadeira e cordialmente e te desejo, tanto quanto a todos nós, um sadio e breve reencontro, a fim de irmos juntos para lá, onde é meu lar."

A comida continuou ruim naquela semana, e também na semana que se seguiu. Horst chegava ao trabalho torcendo para Alexandra ter algo para ele. Um novo domingo chegou, o último de agosto, e foi um verdadeiro dia de sol. Horst e os outros prisioneiros de seu alojamento teriam folga. Acordaram cedo, passaram pela revista e receberam sopa. Houve um avanço, mais de duzentos gramas de pão. O chefe da companhia foi então chamado à cozinha. Voltou de lá com uma caixa. Havia uma espécie de camarão dentro dela. Cada prisioneiro ganhou dois camarões. Horst comeu-os calmamente, tentando fazê-los durar, se multiplicarem na boca, saciar-se como uma verdadeira refeição. O clima melhorou na fábrica de tratores.

"O coração de um prisioneiro de guerra se alegra com pouco!", anotou Horst no diário.

BERLIM, ALEMANHA. MAIO DE 1945.

HAVIA UM ditado corrente pelas ruas de Berlim que dizia ser melhor um americano sobre a cabeça do que um russo sobre si. Movido pelo pavor dos russos, sentimento trabalhado pela propaganda nazista desde o início da guerra, o ditado sugeria que, para as mulheres alemãs, antes serem atingidas e mortas por uma bomba lançada dos aviões estadunidenses que cair nas mãos dos soldados russos para serem humilhadas, estupradas e outra meia dúzia de barbaridades que os comunistas tinham por hábito realizar. Esse ditado corria também pela Gubitzstraße numa manhã nublada, com abril já ultrapassando sua metade.

Mal amanheceu, Margarete se levantou e acordou a filha, que dormia em um colchão, no chão. Da cozinha, as duas tinham ouvido uma movimentação grande vinda da rua durante toda a noite anterior. Sabiam que se tratava dos russos – ou da proximidade deles. Não havia mais alarmes nem bombardeios aéreos, mas explosões e tiros eram ouvidos ao longe. Nenê conseguira dormir algum tempo. Acordara várias vezes, contudo, e em todas elas se deparara com os olhos abertos da mãe. Silenciosas, conversavam por alguns instantes, numa cumplicidade de íris azuis. A filha voltava a fechar os olhos, encerrando a conversa, e assim os mantinha por longo tempo até que adormecesse.

Elas comeram pão, trocaram poucas palavras, e Maria do Carmo estranhou quando a mãe mandou se aprontarem pois iriam ao bunker, mas não pediu explicações. Fecharam a porta do apartamento pouco tempo depois, Margarete girou várias vezes a chave, olhou rapidamente para a porta da rua, depois se virou; deu a mão à filha e desceram o lance de escadas para o subsolo. Precisou da outra mão para empurrar a pesada porta que dava para um corredor mal iluminado de tijolos aparentes e paredes escuras, por onde caminharam lentamente, guiadas pelo sol que entrava por janelas pequenas acima de suas cabeças. Caminharam em silêncio, passaram por baixo dos prédios vizinhos, atentas a qualquer barulho que viesse lá de fora, mais além das portas que davam para os fundos; Maria do Carmo levava alguma comida embrulhada sob os braços e, ao chegar, teve a impressão de que o bunker nunca fora tão distante.

Lá embaixo, outros moradores do prédio já haviam se aboletado na parede ao fundo. A luz na entrada era fraca e vinha de um lampião. As camas montadas no canto sugeriam que alguém havia dormido nelas na noite passada. As pessoas não falavam muito e não se mostraram animadas quando as duas apareceram. Gritaram-lhes que fechassem logo a porta.

Margarete também trazia algo consigo. Entregou um saco à filha e ordenou que ela molhasse o rosto e passasse nele o pó que havia dentro. Era farinha. Passou-lhe também um cobertor grosso, apontando o canto onde ela deveria se deitar e a instruiu.

– Quando chegarem, cubra-se e tussa – disse a mãe.

Seu canto no bunker estava iluminado de modo intermitente por uma lâmpada azul que ameaçava falhar. Tinha também um cheiro específico, que ela já reconhecia, mas não sabia explicar. O bunker sob os prédios da Gubitzstraße era pequeno, mas suficiente para os moradores. Até onde Maria do Carmo se lembrava, a ideia era de seu pai, em quem, percebeu, pensara pouco nos últimos dias. Sentou-se. A mãe também, logo depois. Ainda havia espaço no bunker, mas o cheiro era mais forte que nos dias mais cheios. Certa vez Maria do Carmo perguntou à vizinha que cheiro era aquele. "Cheiro de falta de ar", disse-lhe a mulher. Ela não se convenceu. Desde então, porém, tentava respirar pouco, algo parecido com o que diziam sobre comer com classe. Em vez de golfadas de ar, procurava sorvê-lo lentamente, como se a concentração na respiração lhe permitisse realizá-la melhor. Maria do Carmo lembrou-se disso quando a mãe se sentou. Seus olhos se acostumaram ao breu azul, ela correu os olhos pelo bunker por um instante e constatou que não havia nenhum homem entre elas.

Maria do Carmo não havia entendido a ordem da mãe. Demorou um pouco, no entanto, para externar.

– Por que eu tenho que me cobrir, mamãe? E para que passar isso no rosto?

– Para os russos não incomodarem você, Nenê – disse Margarete. – E tussa. Não se esqueça de tossir. – Margarete não entrou em detalhes, mas foi mais que o suficiente para Maria do Carmo entender tudo. Lembrou-se da conversa que ouvira entre a mãe e duas vizinhas no dia anterior. Falavam de maldades que os soldados russos estariam fazendo perto de Berlim. Quase sempre bêbados, fedidos e sujos, invadiam as casas e batiam nas mulheres. Faziam crueldades que até os adultos se horrorizavam. "Não posso me esquecer de tossir", repetiu para si.

A manhã no bunker passou tão quieta quanto a cidade parecia estar lá fora. Havia uma geladeira que no passado guardara comida e fora útil no tempo dos primeiros ataques aéreos. Nesse dia, porém, estava vazia. Não havia energia. Margarete e Maria do Carmo comeram pão no fim da manhã. Sobrou apenas a farinha. A tarde já avançava quando ouviram uma agitação lá em cima. Perceberam que a rua estava ocupada. Vozes masculinas se destacavam, e veículos passavam de tempos em tempos por algum lugar próximo. A certa altura, suspeitaram de que alguém havia batido à porta e entrado na casa, mas depois pensaram ser um equívoco. Foi quando ouviram gritos, barulho de portas sendo forçadas e vozes de homens. Logo sentiram o tumulto se aproximar.

O prédio foi invadido. Havia homens no corredor que levava ao bunker. Logo chegaram até ele, forçaram a porta e vários soldados foram entrando. Maria do Carmo estava assustada. Eles falavam alto, rápido, gritavam; cheiravam a álcool e a bosta de cavalo. O silêncio tomou o bunker. Os russos deram ordens, empurraram as mulheres que estavam de pé, reviraram caixas e armários; tinham as armas sempre apontadas e pareciam procurar por homens. Depois se aquietaram e passaram vistoriando o público, que se concentrava ao fundo. Logo notaram a garota. Um deles pareceu caminhar em direção a Maria do Carmo. Margarete se levantou, colocou-se entre eles e começou a apontar. Maria do Carmo de imediato começou a tossir. Um soldado pegou Margarete pelos braços, tentando tirá-la do caminho. Junto com a tosse, um involuntário choro irrompeu da garota. Os russos hesitaram. Margarete gritou que a garota estava doente, ameaçou chorar também, e os soldados se detiveram a alguns metros como se tivessem entendido.

– Tuberculose – dizia Margarete, apontando para Maria do Carmo.

Os russos conversaram algo entre eles e arrastaram Margarete para perto da porta. A filha continuou tossindo, o choro aumentou. Outras mulheres choravam. Tudo parecia ainda mais escuro. Os russos começaram a deixar o bunker. Um dos últimos fechou a porta aos chutes, mas deixou um pacote de biscoitos. Margarete foi abraçar a filha, que ainda chorava e tossia. O alívio foi tão forte quanto o cheiro de estrume deixado no ar viciado do bunker.

Nos dias seguintes, Maria do Carmo manteve o rosto embranquecido e o cobertor sempre por perto. As duas se mantiveram em casa, deitadas no sofá da cozinha, sem sequer se aproximar das janelas fechadas por blecaute e dos móveis da sala. O bunker se mostrara desnecessário. Não podia passar despercebido, e sua porta era mais frágil que as dos apartamentos. Os moradores do prédio preferiram reforçar as portas. Tentaram cerrar a comunicação subterrânea entre os prédios, empilharam móveis detrás das portas de entrada e dos fundos; Margarete pendurou o terço na maçaneta da entrada. Eles não foram incomodados nos dias seguintes, a não ser pelo medo, pela fome e pelas notícias sem sentido trazidas por quem se arriscava a sair do prédio ao longo do dia.

Maria do Carmo compreendia apenas parcialmente o que ocorrera no bunker. Percebia que havia um grande medo tomando as mulheres. Elas só falavam disso. A mãe e uma vizinha conversaram também sobre mulheres que se entregavam a esses soldados para serem poupadas e ganhar comida. Maria do Carmo deduziu que era de uma moça conhecida que falavam. Ela não se sentia em condições de pensar direito, e na hora não deu muita atenção para a história, ainda que tivesse notado a expressão tensa das mulheres mais velhas. Desaprovavam o que quer que estivesse acontecendo. Além disso, veio-lhe à cabeça, vira tanta coisa ruim nos últimos anos que ouvir falar de pessoas ainda vivas era quase alentador. Recordava-se do dia no metrô em que havia descido com a mãe para se proteger e encontrou o lugar inundado. Corpos de pessoas que haviam se refugiado ali durante alarmes anteriores boiavam. Outra vez, enquanto voltava para casa, caminhando na rua, viu uma mãe agarrada ao filho pequeno, encostados em um muro de uma casa. Estavam mortos, queimados, fundidos ao meio-fio e à parede negra de fumaça. Maria do Carmo voltou a pensar também em Anne, uma vizinha que morrera no ano anterior. Ela dormia quando seu gato, assustado com uma explosão, se eriçou e cravou as garras no pescoço da garota, abraçada a ele. Anne foi enterrada num jardim uma quadra adiante, como muitas outras pessoas eram enterradas naquele tempo, isto é, em qualquer lugar, pois ninguém mais se importava em enterrar os mortos. Eram muitos. Maria do Carmo não viu o enterro. Provavelmente, nenhuma de suas amigas viu. Ela percebeu que fazia algum tempo que não via nenhuma amiga.

Por esses dias, Maria do Carmo se levantou, foi até a cozinha, olhou as panelas sujas e foi encontrar a mãe na sala principal.

– Mamãe, eu não aguento mais. Preciso comer alguma coisa.

– Eu sei, Nenê – Margarete disse com uma voz fraca. – Mas não temos nada. Nem sopa.

– O que a gente faz, mamãe?

Margarete já não sabia. Na última semana, elas haviam se alimentado da sorte. Uma vizinha foi quem informara que não muito longe dali, em um ponto da linha do trem, várias batatas haviam caído de um vagão que passara apressado. Maria do Carmo foi com a vizinha conferir. Era verdade. Muitas pessoas se jogaram ao chão para catar as batatas, entre elas, Maria do Carmo, que conseguiu algumas. Estavam todas estragadas, podres, com pequenas raízes brotando como rugas. Margarete limpou as batatas e as duas comeram-nas, misturadas à sopa, que dias antes era de espinafre, segundo a mãe, mas que na verdade tinha urtiga. Todas as sopas de espinafre daquela semana haviam sido de urtiga.

Agora, ouvindo o desespero da filha, Margarete não sabia o que fazer. Não havia nem batatas podres. Saiu à rua em busca de algo. Duas quadras adiante, o mau cheiro era bem forte. Quase ao pé do muro estava um cavalo morto. Margarete o havia visto três dias antes no mesmo lugar, no dia em que, ansiosa, esperava a filha voltar do ponto da ferrovia em que fora buscar batatas com a vizinha. Margarete pensou um pouco e voltou para casa. Entrou e saiu, levando consigo uma faca, e chorando. A rua estava vazia. Ninguém a via chorar.

Ela se aproximou do cavalo, escolheu um ponto pouco povoado por bichos e cortou. De volta à cozinha, jogou o pedaço de carne na água e deixou um bom tempo, enquanto refletia. Já havia parado de chorar. Tentou limpar, depois ferveu, depois cozinhou, depois passou no moedor, depois temperou, depois desistiu, depois temperou de novo, depois fritou, depois serviu.

Não teve coragem de comer. Olhou o punhado de carne no prato e teve ânsia de vômito. Sentia o cheiro da esquina duas quadras à frente. A dor de cabeça regressou mais dura do que nunca, o estômago revirou e ela deixou a mesa para se deitar. Maria do Carmo comeu tudo que colocou no prato.

VLADIMIR, RÚSSIA. 3 DE SETEMBRO DE 1945. **JÁ ERA** setembro quando a chuva reapareceu em golfadas, numa manhã de segunda-feira. Pareceu um presságio.

O dia anterior havia sido bem diferente. O domingo havia amanhecido ensolarado, a luz já entrando pelas gretas do alojamento da fábrica de tratores antes mesmo de Horst abrir os olhos. Assim que ele acordou, lembrou-se de que o dia era de folga. Seu estômago o lembrou de que sentia fome, e desse modo ele passou impacientemente pela revista, ansiando pela sopa aguada que imaginava receber em seguida. Surpreendeu-se quando despejaram a sopa na tigela que chamava de prato e sentiu algo sólido acompanhar o líquido. Havia batatas novamente. Houve também pão. Os homens comeram apressados e logo retomaram a formação para seguir para o banho no campo principal.

Foi um domingo especial. Primeiro, pela folga; depois, pela boa comida. Por fim, porque, à tarde, os prisioneiros receberam a visita de Stalin.

Horst havia acabado de voltar ao campo principal e parecia perdido em seus pensamentos. Os alto-falantes no topo dos postes tossiram alguma coisa, engasgando e apitando até limparem a garganta e começarem a transmitir o discurso que Stalin fazia naquele momento, em Moscou. Horst compreendia apenas algumas poucas palavras, mas logo se espalhou a informação de que, naquele domingo, era decretado o dia Internacional da Paz. Horst não soube muito bem o que aquilo significava. Não compreendeu que o Japão havia se rendido formalmente, pondo um fim definitivo à guerra, motivado por uma enorme bola de fogo que tinha caído sobre o país.

Horst se encorajou a lavar as calças de seu uniforme. Passou o resto do dia no alojamento, de pernas nuas, as calças estendidas em um varal improvisado, Stalin já o havendo deixado. Encontrou-as secas no dia seguinte e as vestiu assim que se levantou. Estavam duras. A chuva que batia forte sobre as paredes do alojamento indicava que as calças não ficariam daquele jeito por muito tempo.

A segunda-feira foi anunciada como feriado para todos os prisioneiros, mas Horst foi levado ao escritório. Suas calças custaram a secar; seus pés mais ainda. Com as botas cheias de buracos, era impossível mantê-los secos em um dia de chuva. Os prisioneiros do escritório não precisariam trabalhar, embora tivessem sido mandados para lá. "Até melhor", pensou Horst, "em tempos de chuva o campo é quase insuportável". Conversou longamente com Jupp. Falaram do futuro. Horst admirava a engenhosidade do amigo. Depois, ficaram quietos e os pensamentos foram dar no número 11 da Gubitzstraße. Ele pegou o diário.

"Se lá em casa também chove momentaneamente? Onde é realmente meu lar? Tenho mesmo um ainda?", escreveu. "Ah! Adiante com todos os pensamentos turvos. Se eu não tenho mais nenhum, então vou criar novamente um para mim!"

Na semana que se seguiu não houve pão; a urtiga reapareceu na sopa, enquanto as batatas sumiram. Muitos homens mostravam logo os reflexos da alimentação ruim. Além da fraqueza, criavam brotos, machucados que não cicatrizam. E não podia ser diferente: foi uma semana de chuva, quase ninguém tinha boas botas e, para piorar, vários homens andavam perdendo os dentes – escorbuto. Jupp, Jupp, sempre o genioso Jupp... Horst aprendera com ele a roubar cebolas na cozinha e esfregá-las nos dentes. Seus dentes se mantinham firmes, e ele creditava isso ao conselho do amigo.

A chuva só deu trégua no domingo seguinte. Horst trabalhou pela manhã e foi ao campo principal durante a tarde para se banhar. O dia demorou a escurecer: já eram oito horas e ainda havia luz do sol, mas um sol que não aquecia absolutamente nada. Horst terminava de se secar ao ar livre e sentia uma fome lancinante. Encostou-se a um dos alojamentos para fugir do vento. Costumava se encolher para enganar a fome. Servia também para tentar se aquecer. Enquanto aguardava os companheiros terminarem, tomou o papel.

"Já irão nos deixar loucos. Para mim, em breve, é como se eu deitasse na cova. O principal é que eu deite quente. Já está tão frio que o lápis escorrega dos dedos duros! Daqui a pouco não vou poder mais escrever! Tomara que essa miséria tenha logo um fim. De um jeito ou de outro."

Dois dias depois teve pão. O vento assobiava por entre as madeiras do alojamento. Não havia cobertores. Para se aquecer, Horst tinha apenas o uniforme, sua segunda pele havia vários meses. Avizinhava-se o maior receio de todos os prisioneiros: o frio. Horst já tinha dificuldades para escrever no diário, não conseguia firmar os dedos, como previra. O escritório o aliviava consideravelmente, pois lá havia uma lareira, e sua sala ficava aquecida. Mas a vida no campo estava se tornando insuportável. No caminho para a cidade, ele via outros prisioneiros trabalhando na terra, sob um frio de congelar. Ele tinha sorte. Devia sempre se lembrar disso. Às vezes tinha vontade de comer assado, tomar vodka, fumar papirosa, e nada disso passava de devaneio. Devia se lembrar de que tinha sorte.

Houve pão no começo de outubro, e o ânimo dos prisioneiros melhorou um pouco. A volta da chuva, alguns dias depois, tornou a enevoar o horizonte. A partida de um novo trem para casa, na semana seguinte, reacendeu a esperança de muitos, entre eles, Horst.

Ele viu quando os romenos deixaram o campo em direção à estação, parecendo aliviados. Ele se perguntou quando seria sua vez. Por algum motivo, estava esperançoso. Sua fé apontava para a sorte de ser enviado de volta antes de o inverno realmente chegar. Acabada a guerra, não lhe parecia fazer sentido manter um prisioneiro trabalhando naquelas condições em pleno inverno russo. Ainda mais um prisioneiro brasileiro como ele! Ele ainda pensava assim quando as folhas das árvores cobriram o chão ao redor do alojamento, dali a alguns dias, e até tentava manter esse pensamento no final de setembro, quando seu corpo começou a doer e todos começaram a notar como seu rosto estava esquálido e sem cor. Mas já não foi possível.

Foi no trabalho que Horst se deu conta. Rabiscou durante toda a manhã de domingo com muita dificuldade. Ainda queria acreditar haver um trem para si antes do inverno. Gastou suas forças tentando pensar em casa quando recebeu o almoço. Se lá estivesse, receberia um bom pedaço de carne no prato. Horst era capaz de se ver voltando da sala para o quarto, de barriga cheia; deitaria sobre a cama macia e gastaria um bom tempo observando os desenhos pregados à parede. No fim do dia talvez saíssem para passear, como tantas vezes fizeram. Iriam ao cinema, quem sabe o Plaza ou o Scala, por que não uma volta pelo Wintergarten? Pensar em tudo aquilo lhe exigia tanto esforço que ele começou a se irritar com seus pensamentos. Eram todos tolices. Sentou-se em um canto do escritório e encolheu-se, abraçando as próprias pernas. Um tempo depois, chamou Jupp para dizer que precisava ver um médico.

Horst não foi se banhar no campo principal naquele domingo. Deixou o escritório direto para sua cama no alojamento da fábrica de tratores. Nenhum médico apareceu. Ele não foi colocado para trabalhar no dia seguinte. Dispensaram-no logo pela manhã, assim que viram seu estado. Nenhum médico apareceu na segunda-feira. Nem na terça. Ele passou o dia deitado, sozinho no alojamento, que lhe pareceu imenso. Vazio como seu corpo. Horst era agora um homem magro, sem músculos ou gordura. As maçãs do rosto estavam tão distantes dos olhos quanto ele de casa. Horst sentia uma dor estranha. Dor de fraqueza, de cansaço, de morte. Deitado, ele esperou pelo almoço, que lhe foi entregue no beliche. Comeu sem ter fome. Havia batatas na sopa fraca. Elas estavam geladas e não tinham sido descascadas. Horst olhou pela porta aberta e viu o céu lá fora; percebeu que, embora dia, o sol quase não podia ser visto.

Outubro entrou na semana seguinte e Horst seguiu afastado do trabalho. Sentia-se melhor, mas não se sentia bem. Na primeira sexta-feira do mês, de manhãzinha, toda a companhia havia partido para o trabalho e ele estava novamente sozinho no alojamento. Pela janela, Horst via uma das chaminés da fábrica, lá longe, baforando fumaça lentamente. Olhou por muito tempo para elas. Seus olhos se cansavam e elas passavam a parecer vapor, miragem, alucinação. Ele as olhava quando alguém entrou. Era um prisioneiro alemão, chefe de alguma outra companhia, pois ele não o conhecia.

– O comandante quer te ver – disse o sujeito.

Horst saltou da cama. Fez perguntas enquanto catava seus papéis e os poucos objetos que mantivera consigo, jogou tudo no alforje que guardava embaixo da cama e saiu ao encalço do homem, que não disse mais nada. Os dois caminharam até o campo principal; logo no pátio, encontraram o comandante, que disse algo a Horst.

– Ele pergunta se você é o brasileiro – disse o chefe de companhia.

Horst confirmou que sim. O comandante apontou e tornou a falar.

– Você deve se juntar àquele grupo – traduziu mais uma vez o sujeito.

Horst já seguira o dedo do comandante e olhava para um amontoado de pessoas sentadas ao chão, em volta de uma das casas de alvenaria do campo principal.

– Partirá um trem em breve – completou.

Horst juntou-se ao grupo. Um homem saía pela porta, e logo foi a vez dele. Ele ainda não conhecia a enfermaria. Um *Stabsarzt* alemão o recebeu, disse que faria alguns exames rápidos. Pediu que Horst tirasse a camisa do uniforme e perguntou como ele se sentia. Os dois olharam para o corpo magro, as costelas aparentes, e Horst o respondeu com os olhos.

– Não se preocupe – disse o médico. – Neste campo só três pessoas estão bem-nutridas. Os três cozinheiros.

Horst riu, logo depois passou as mãos pelos braços para se aquecer. O médico o autorizou a recolocar a roupa e meneou em direção ao forno que servia de aquecedor. Horst se vestiu e caminhou até ao forno, quando entraram na sala uma mulher baixinha, que também parecia ser médica, e um vigia russo com as mãos cheias de folhetos, dos quais um exemplar entregou para Horst.

O calor do forno era agradável. Horst tomou o folheto em suas mãos e leu a manchete: "O campo de concentração". Estava escrito em alemão. Ele começou a lê-lo. O texto falava dos crimes nazistas cometidos durante a guerra. Falava de assassinatos, de torturas, de pessoas transformadas em cinzas dentro de fornos crematórios. Horst lia com avidez. Ao terminar, ficou um tempo em silêncio; tentava digerir o que havia lido. O *Stabsarzt* deixara a sala. Restava apenas a médica russa, pequena e magra, o rosto pontudo e simpático, como um rato de desenho. Horst tentou lhe falar sobre o folheto que o deixara abismado.

– Vá para fora – disse a médica. Horst pediu desculpas. De fato não tinha recebido permissão para se manifestar. – Vá para fora! – repetiu a médica. – A enfermaria não é estufa para aquecimento.

Horst juntou-se novamente ao grupo. Fazia muito frio lá fora. A sexta avançou e nada aconteceu. A noite chegou e nada aconteceu. Eles foram recolhidos a um dos alojamentos. Passaram lá a noite e logo cedo já estavam novamente no pátio. Só foram comer pela manhã. Voltaram para a porta da enfermaria e alguém disse que um caminhão já chegaria para buscá-los. Horst tentava controlar a ansiedade. A tarde correu vazia e nenhum caminhão apareceu. Duas sentinelas russas então vieram e ordenaram que os prisioneiros se colocassem em forma. Partiriam caminhando até a estação.

O comboio deixou o campo caminhando em bom ritmo. Horst demorou para se dar conta de quanto seu corpo doía. Não falou nada com ninguém. Continuou tentando acompanhar a marcha. Com o alforje na mão, desceu a estradinha que levava à cidade, o campo principal já fora de alcance. Não pensou em se despedir de nada nem de ninguém. Não deu atenção para as casinhas de madeira, não percebeu se alguém o olhava das janelas ornadas. Não soube mais dizer se sentia dor, pois apenas caminhava de volta para casa. Chegaram à cidade, cruzaram a rua que levava ao escritório, contornaram o muro do monastério. Ficavam para trás Jupp, Alexandra, o capitão, o maldito campo, os malditos chefes de companhia, os malditos guardas, os malditos russos, aquele horror de cidade chamada Vladimir com suas ruas esburacadas e de pedra escura, suas igrejas nefastas com grandes bolas sobre as torres como pontas de glacê, seus dias escuros e frios. Desceram por um caminho íngreme da ribanceira e viram a estação. Parecia não haver trem algum nela. Mas eles seguiram em frente. Horst apertava o alforje contra o peito, poderia amassar as páginas do diário, aquele caderninho imundo que o fizera companhia nos últimos cinco meses, os piores meses de sua vida sem dúvida alguma – muito piores do que os dias mofando num hospital em Berlim à beira da morte por conta da meningite. Cruzaram a portaria da estação e viram os trilhos, uns homens arrumando alguma coisa um pouco mais adiante, soldados russos de pé conversando e aparentemente se preparando para partir. E iam mesmo partir e falaram isso às duas sentinelas quando passavam por elas. Horst olhava tudo em volta e não via nada, e nem poderia ver. O trem que eles esperavam encontrar já havia partido.

Horst percebeu que era um dia de muito azar e muito frio e que um vento cortante soprava do Kliazma no início da noite.

VLADIMIR,
RÚSSIA.
14 DE OUTUBRO
DE 1945.

HORST NÃO escreveu por alguns dias. Perdeu o gosto. Melhorou de saúde, voltou a trabalhar, mas nem o pequeno conforto oferecido pelo escritório lhe despertava mais interesse. E as coisas pioraram numa manhã pelo meio de outubro.

Ele acordou antes de o chamarem. Sentia frio e, principalmente, dores no estômago por conta da fome. A comida andava péssima novamente. Ele se levantou lentamente, até porque, pela manhã, as forças eram ainda menores que de costume. A maior parte dos homens ainda estava deitada; o sujeito da cama a seu lado dormia enrolado feito um caracol. Um forte cheiro de suor preenchia o alojamento. Quase todos haviam trabalhado no dia anterior descarregando trens, reformando trilhos, levantando paredes. O acampamento já tinha seu cheiro próprio, mas o suor, o contato dele com os trapos a que chamavam de roupas, o podre que parecia sair pelos poros de sujeitos doentes, tudo isso a que cheirava um prisioneiro, atacava particularmente o olfato pela manhã. Horst caminhou por entre os beliches e ganhou a porta. Quando a abriu, quase não acreditou. O campo estava todo branco. Nevava. Chegara a neve. Chegara o tão temido inverno russo.

As cercas pareciam mais grossas em meio a tanto branco. O telhado da fábrica também mudara de cor. Horst gastou um bom tempo olhando o campo. O céu lhe pareceu muito baixo, o horizonte muito próximo, como se o inverno houvesse chegado para sufocá-los naquele campo perdido na Rússia. O inverno tinha chegado e ele ainda era um prisioneiro de guerra.

No dia anterior havia partido outro transporte internacional. O nome de Horst não estava na lista. Não estaria em casa antes do inverno. Maldita sorte. Ele vasculhou a memória e concluiu que sorte era algo que nunca havia tido. Andou lamentando no diário: "Sempre fui um azarado".

Já estava mais forte, poderia correr os quilômetros que separavam o campo da estação em segundos. Galoparia em quatro patas se fosse preciso, só para estar dentro de um trem para casa. E depois, Brasil! Seu verdadeiro lar. Mas nada. E agora... neve. "O inverno, o assustador inverno russo se estabeleceu", ele escreveu no diário, na noite do primeiro dia de neve. "Isso será bom para mim, o que seria o verão tropical para um esquimó. Ontem foi novamente organizado um transporte internacional, onde eu não estava junto. Assim caminha tudo para a minha desdita." Admitiu que era apenas o começo. Nos dias anteriores, o frio já parecia insuportável. O que se poderia esperar agora?

Dezessete abaixo de zero. Naquela semana, o termômetro marcou dezessete graus negativos. Horst tentou por duas vezes escrever. Seus dedos estavam duros. Não teve força para insistir. A comida foi, durante todos os dias, uma sopa de casca de batatas. Nada mais. Cada vez mais pessoas morriam de fome. No primeiro dia de neve, um sujeito que dormia nos fundos do alojamento amanheceu morto. Dois dias depois, outro morreu. Ao fim da semana, mais um sucumbiu e outros homens começaram a apresentar um estranho quadro de diarreia. O vizinho que dormia como um caracol na manhã em que a neve surgira foi um deles.

O fim de outubro trouxe uma pequena ilusão. O vento diminuiu e houve quem acreditasse que as duas primeiras semanas de neve haviam sido apenas uma peça do destino, que as coisas não seriam tão ruins. Novembro entrou com promessas de folga devido às comemorações da Revolução de Outubro, mas o vento também reapareceu. O vizinho que dormia como um caracol morreu em uma noite de mau cheiro, nos primeiros dias de novembro. Passados oito dias da diarreia, parecia pequeno, sem vida, um esqueleto que movia os olhos. Seu corpo foi retirado por alguns prisioneiros e Horst não viu onde ele foi enterrado. Naquela noite, ao receber a lata com a comida do jantar, Horst ficou entre os últimos da fila. Metade da marmita veio com areia. Ele comeu. Repetiu para si que areia não faria mal. Escreveu no diário para se forçar a acreditar.

Areia poderia até não fazer mal, mas não faltava o que fizesse, por aqueles dias, em Vladimir. Mais homens que o normal morreram na virada de outubro para novembro dentro da fábrica de tratores. Não demorou para detectarem que entre os mortos havia características de tifo. As coisas começaram a ficar tensas.

Chegou ao alojamento a ordem de que ninguém iria trabalhar. Nenhum prisioneiro tinha autorização para deixar o campo. Horst ouviu isso quando já se reunia na área externa, esperando que alguém aparecesse para levá-lo até o escritório. Mandaram todos para dentro novamente. Estavam de quarentena. E não houve mais explicações.

Transcorreram-se dias tristes no alojamento da fábrica de tratores. Os homens passavam as horas em silêncio. Amontoados, olhavam-se com curiosidade, tentando vislumbrar quem seria o próximo. Fez muito frio. Horst batia o queixo e tentava de tudo para se aquecer, mas pouco adiantava. Parecia que todos cogitavam a possibilidade de morrer. "Agora bateram as horas para muitos!", escreveu Horst, no primeiro dia de quarentena. "Para mim também?" Em todos os cinco dias da quarentena houve mortes.

A vida só começou a voltar ao normal no fim da semana seguinte. Voltaram ao trabalho. Todos se sentiam como sobreviventes. Horst se viu no escritório a fazer contas. Só então voltou a colocar uma palavra no papel. Faltavam 42 dias para o novo ano, ele escreveu no diário. Errou as contas. Perguntava-se se 1946 traria boas coisas para ele. Riu quando concluiu que um ano pior que 1945 não poderia haver.

Numa sexta-feira, antes do fim de novembro, o ano-novo deu sinal de vida. Horst trabalhou durante todo o dia no escritório. Não havia lenha para queimar no fogão usado como aquecedor, então o frio incomodou mais que o habitual. Ele não conseguia segurar o lápis. Voltou mais cedo para o campo, cruzando apressadamente a cidade coberta de branco. A neve caía como plumas, o caminho era escorregadio para as botas ruins, mais duras que os dedos duros dentro delas. Havia conseguido alguns trapos, que usava como bandagem para os pés, mas isso adiantava muito pouco. Disseram-lhe que era uma tática usual entre os soldados soviéticos durante a guerra. De todo modo, pouco resolvia. Ele ainda aguardava para pegar o jantar, quando o alemão que chefiava o destacamento apareceu para dizer que chamavam por ele no escritório do comandante do campo. Horst foi imediatamente. Ouviu exatamente o que sonhava: deveria se desinfetar no dia seguinte para transitar pelo campo principal, quando então seria alocado em um transporte internacional para voltar para casa. Ele mal conseguiu dormir naquela noite. Finalmente voltaria para casa.

Amanheceu um dia mais frio e feio. Horst comeu rápido e até deixou sobrar comida, com medo de se atrasar novamente. Foi se apresentar ao comandante, já levando consigo todos os pertences no alforje. Ele estava tão feliz que sentia medo de algo dar errado, medo de que não fosse verdade. Seus pés doíam, mas ele mal os sentia e nem mesmo lhes dava atenção.

A manhã passou lentamente. Ele aguardava com outros cinco prisioneiros que fossem enviados para o tal lugar onde passariam pela desinfecção. Horst tentava imaginar do que se tratava; não conseguia ter uma ideia clara. Ele conversou um pouco com os outros homens, todos eram de nacionalidades diferentes. Casos como o dele. Homens que haviam estado no exército alemão mas não eram alemães. Homens que já deveriam ter sido mandados de volta para casa, como ocorrera com os franceses, os romenos, os húngaros e tantos outros. Só à tarde apareceu um guarda russo para guiá-los.

Foram caminhando até uma pequena casa de madeira que havia na outra extremidade do campo. A neve no caminho já fazia os pés afundarem alguns centímetros. O guarda abriu apenas um pouco da porta e o bafo quente atingiu os homens do lado de fora. Entraram. Um calor sufocante reinava lá dentro. Horst tinha dificuldade de respirar. O guarda fechou a porta e ordenou que tirassem o uniforme. Aos seis homens nus foram indicados dois baldes sobre o fogão. Havia água neles, deveriam temperá-la e jogar sobre o corpo. Horst foi se acostumando ao calor. Suava muito. Seus pés queimavam de dor. Lavou-se, sentiu a água quente tocar o corpo, a pele ameaçava se desfazer. Tentou molhar o rosto; depois passou as mãos pelos cabelos, que começavam a crescer, espetando as palmas molhadas da mão. Ninguém parecia muito confortável, mas o ambiente era agradável. Havia galhos de árvore próximos à água quente e eles davam um cheiro bom ao lugar. O guarda ordenou que os prisioneiros pegassem os galhos. Fez um gesto com as mãos, como se desse chicotadas no ar, depois apontou para um prisioneiro e depois para outro, então o segundo na direção do primeiro; fez o mesmo com os dois restantes. Os homens entenderam que deveriam bater os galhos nos corpos uns dos outros; deveriam atingir as costas dos companheiros, depois trocariam o chicoteador. Ao bater nas costas, os galhos exalavam um cheiro ainda mais forte. O lugar pareceu ficar ainda mais quente. Os homens ficaram algum tempo se açoitando com os galhos, tendo cuidado para não acertar o rosto, até que o guarda autorizou que parassem e mandou que se lavassem novamente.

Deixaram aquela espécie de sauna e foram de novo ao escritório do comandante. Estavam então desinfetados, ao que tudo indicava, o que quer que fosse aquilo por que haviam passado. Enquanto aguardavam, chegou ao escritório a conversa de que uma nova morte havia sido confirmada, e novamente com características de tifo. Horst percebeu que uma discussão se formou entre os soldados russos, e pareciam discutir se ele e seus colegas poderiam deixar o campo naquele momento. Já vinha a noite. A neve caía intensamente. Horst começou a sentir medo. Um dos militares que chegara havia pouco conversava nervosamente com o comandante. Percebia-se que eles evitavam se aproximar dos seis prisioneiros; logo Horst entendeu que o recém-chegado não queria levá-los. Os outros homens também não pareciam convencidos. Algo os incomodava – obviamente, o risco de algum dos seis estar contaminado com tifo.

O comandante se exasperou. Mandou que os seis se levantassem e fez sinal para que se mandassem dali. Fora do escritório eles se entreolharam, Horst tinha dúvidas do que aquilo significara. Não duvidava que o destino fosse capaz de lhe pregar mais uma peça. Novamente tão perto de voltar para casa, e novamente tudo ia por água abaixo. Pouco depois, um dos guardas saiu e se juntou a eles em frente ao escritório; os acompanharia até o campo principal.

Caminharam na noite escura. O guarda ia mais à frente com uma lanterna nas mãos. Fazia muito frio. A única roupa que Horst tinha para se aquecer era o próprio casaco do uniforme. O único calor dentro dele vinha de seu coração. A noite era mais noite quando chegaram ao campo principal, apesar de todas as luzes dos holofotes ao redor. Tudo dava certo. Desta vez Horst não chegaria atrasado para pegar o trem. Não houve imprevistos. Nem o medo do tifo o segurou. Desta vez voltaria para casa. Ele pegou o diário enquanto aguardava. Passou a reconsiderar sua condição de azarado: "Tivemos uma sorte danada!".

BERLIM, ALEMANHA. 25 DE DEZEMBRO DE 1945.

PODE-SE DIZER que Horst chegou à Gubitzstraße na noite de Natal. Bateu à porta logo no começo da noite. Encontrou uma casa diferente. Muita coisa acontecera desde os primeiros dias de 1945.

Os últimos dias de abril, os que se seguiram à visita dos russos ao bunker da Gubitzstraße, haviam sido terríveis em Berlim. Não foi diferente para os Brenke e os demais moradores do prédio, embora Prenzlauer Berg tenha tido um pouco mais de sorte que outros bairros da cidade, inclusive lugares bem perto dali. O apartamento da família Brenke não foi invadido. Talvez pela segurança das portas, talvez por sorte. Mas também não se viveu por alguns dias. Margarete e Maria do Carmo passaram fome, sentiram medo, rezaram muito. Maria do Carmo se sentia fraca; Margarete não tinha mais cigarros. Viviam com medo. A mãe se arriscava a sair de casa para tentar conseguir algo de comer. A filha só foi sair novamente à rua já era maio. O sol reapareceu por aqueles dias também.

Houve festa em Berlim no dia da rendição, 6 de maio. Maria do Carmo não percebeu, mas Margarete deduziu pelo incessante zunido dos órgãos de Stalin. Eram os foguetes katiúcha, que tanto haviam amedrontado os inimigos e que agora cruzavam o céu como fogos de artifício em junho. Era ainda maio, no entanto. O dia seguinte amanheceu com o rescaldo da comemoração; soldados russos bêbados dormindo na rua, sinal de que não encontraram uma casa que os recebesse, o que se suspeitava ter ocorrido a outros, pelas portas derrubadas. Gradual e lentamente, parte do exército soviético foi embora nos dias que vieram maio adentro, mas Maria do Carmo ainda cruzou com soldados russos tentando se equilibrar em bicicletas pela sua rua muitos dias depois. Um deles lhe ofereceu comida certa vez, quando as coisas em Berlim pareciam ter se acalmado um pouco; ele fervia chocolate, cercando com seu grupo o fogo improvisado na calçada. Assim que o russo lhe acenou com o copo, Maria do Carmo se aproximou. Outros garotos fizeram o mesmo. Poucos passos depois, viram o sujeito entornar o líquido no chão. Todos os russos riram. Maria do Carmo não achou a menor graça.

Cupons de racionamento voltaram a ser distribuídos naquele mês, mas era difícil conseguir comida. Nos primeiros dias de junho, Margarete foi à câmara para se registrar e conseguiu cupons. Como não tinha trabalho, não era útil, e por isso voltou com a menor fração para ela e a filha. Encontrou a menina na porta de casa, observada de longe pela vizinha, que fechava uma fila de mulheres no meio de escombros. Nenê as observa trabalhar. Limpavam a rua, recolhendo os destroços, a sujeira e o passado. Passavam tijolos de mão em mão até empilhá-los em um canto. Ainda se viam poucos homens pela cidade.

A rendição alemã não trouxe melhorias para a vida dos civis em Berlim imediatamente. Os meses seguintes foram de muito trabalho. Para Margarete, às vezes parecia a vida de antes do início dos bombardeios, talvez com o racionamento um pouco mais rígido. Além de comida, começou a faltar também roupa. Margarete havia retirado os blecautes da janela e começara a recolocar cortinas. Pegou uma delas, uma verde de veludo, e saiu com a filha. Algumas semanas depois Maria do Carmo tinha novamente um vestido para seu tamanho. Completaria onze anos, mas já parecia uma moça. As coisas foram indo. Indo sem notícias de Richard ou Horst. Já era setembro quando bateram à porta.

Foi Margarete quem atendeu. Assustou-se ao ver um soldado. Haviam relaxado um pouco, pois as invasões russas tinham cessado segundo dizia a rede informal de notícias, isto é, os boatos, ainda que a cidade seguisse tomada por eles. O soldado à porta, no entanto, era americano. Pediu permissão e foi entrando, tentando travar conversa. Margarete tinha dificuldades para entendê-lo, mas não se apavorou. O homem apontou para a janela, se aproximou dela e pegou uma boneca. Era a boneca preferida de Maria do Carmo, que embora parecesse uma mulher e agisse como tal, ainda era uma criança. O soldado passara pela rua e, de fora, vira a boneca pela janela, um modelo fabricado nos últimos anos de vapor industrial alemão. Teve vontade de levá-la para os Estados Unidos, onde tinha uma filha pequena que certamente adoraria o presente. Assim bateu à porta e tentava explicar à dona da casa.

Margarete pegou a boneca e foi ao quarto da filha, que estava deitada, fraca de fome, sentindo cólicas que não compreendia bem. Não precisou argumentar muito para convencê-la a trocar o brinquedo preferido por comida. Negócio feito.

O soldado americano entregou os alimentos pouco tempo depois, num saco escuro, que Margarete agarrou e passou à filha. As duas correram para a cozinha com ele, abriram-no e enfiaram as mãos. Catavam pequenas barras que desembrulhavam e jogavam à boca, comendo apressadas e sem sentir direito o gosto. Depois cozinharam batatas; havia carne numa lata escura e pesada que custaram a abrir, gordura, farinha, uma lata verde e enferrujada de cigarros Lucky Strike e café, café de verdade, não o pó sem gosto a que chamavam de substituto de café e que se podia conseguir com sorte e cupons durante a guerra. Foi uma refeição que havia tempos não viam. Foi provavelmente o café que produziu cheiro, e logo os vizinhos apareceram.

Foi Margarete à porta novamente. Um vizinho procurava por comida, tinha sentido o cheiro diferente, parecia café. Nos últimos tempos era comum casas da rua se ajudarem. Margarete mesmo, e por diversas vezes, havia socorrido outros conhecidos. O vizinho perguntou por comida. Margarete desconversou. Outro vizinho se aproximou. Ela explicou que fazia uma sopa de urtiga, havia jogado muitos temperos para enganar o paladar. Isso explicava o cheiro. Cortou a conversa e voltou para a cozinha, após fechar a porta. A filha já havia corrido e jogado o saco embaixo da cama, como ordenado pela mãe. A comida daria para Margarete e Maria do Carmo se alimentarem por dois ou três dias, não mais que isso.

Margarete estava deitada no sofá da sala, que seguia na cozinha, com mais um mal-estar. A campainha tocou. Fraca, quebrou o hábito e pediu que Maria do Carmo atendesse. Devia ser a filha da vizinha, uma garota com quem Maria do Carmo costumava brincar.

– Nenê, se for ela, por favor, diga que não pode brincar agora – disse Margarete. – Mamãe está doente e precisa descansar.

– Está bem, mamãe – respondeu Maria do Carmo, enquanto se dirigia à porta.

Quando Maria do Carmo abriu a porta, viu um soldado. Ou o resto de um soldado. Ela demorou alguns segundos para reconhecer o pai. Richard a abraçou e entrou em casa. Perguntou por Margarete, e Maria do Carmo disse que ela estava doente, deitada na cozinha. Ele pediu para ela ficar em silêncio, e foram entrando devagar. Relutantemente, Margarete, ainda deitada do sofá, curvou o rosto para ver o que se passava.

– Richard! – gritou, pulando do sofá, então correu até a sala e saltou sobre o marido, que com dificuldades a susteve nos braços.

Os dois se beijaram. Choraram. Maria do Carmo olhava meio desconcertada. Choraram mais quando foi dito que Horst não estava em casa.

Richard disse que queria tomar banho. Margarete falou que ela e Maria do Carmo providenciariam algo para ele comer. No banheiro, Richard abriu a torneira e tirou as roupas com dificuldade; entrou na banheira e viu que seu corpo se desfazia. Estava tão cheio de feridas que o contato com a água doía. Os pés, grossos e trincados, pareciam verter outro líquido distinto da água em que estava submerso. Margarete entrou para ver se estava tudo bem, saiu assustada e voltou com medicamentos. Naquela noite, Richard explicou sem muitos detalhes como fora enviado para a guerra. Havia combatido na Tchecoslováquia, fora preso pelos americanos e bem tratado durante o tempo em que esteve em um campo de prisioneiros, a oeste de Berlim, até ser mandado de volta para casa, junto com outros milhares de prisioneiros alemães, liberados aos poucos a partir da segunda metade de 1945.

– Notícias do Horst? – perguntou.

– Nada, nem uma carta.

Era 18 de novembro de 1945. Richard chegou a tempo de passar o Natal com a família. As coisas melhoravam em Berlim. Ele rodou a cidade em busca de notícias do filho. Elas bateram à porta no dia 25 de dezembro.

– Deus seja louvado! – gritou Margarete à porta. – Uma carta do Horst.

Todos correram e pararam em volta dela. A carta vinha pelas mãos da Cruz Vermelha. Horst contava que estava na Rússia, que havia sido preso em abril, não muito longe de Berlim, e mandado para um campo de prisioneiros em Vladimir. Horst queria saber como estavam, como ia a vida em Berlim. Pareceu contido. Margarete lia em voz alta, Maria do Carmo estava alegre e Richard, muito atento. O emissário da Cruz Vermelha ainda aguardava. A outra página da carta era reservada à resposta. Margarete correu para apanhar uma caneta e sentou-se à mesa para escrever.

"Nosso querido Horst!

"Hoje à noite nós recebemos a sua estimada carta. Graças a Deus. Esse foi o melhor presente de Natal para mim. Meu filho, nós estamos vivos e com saúde. Papai retornou em 18 de novembro do cativeiro russo. Ele está com saúde e passa bem. Nenê está grande, é uma menina bonita, e eu estou com saúde. Sim, meu menino, agora finalmente há paz. Aqui tudo está andando no seu curso. Agora pode-se falar sem tremer. Chegam a nós agora muitas visitas. Os seus conhecidos mandam lembranças. No Natal, você também recebeu o seu presente. Selos. Guardei tudo para você.

"O seu passaporte foi prorrogado, ele ainda está válido. Nós nos alegramos por você estar bem. Esperamos que em breve você seja libertado e nós possamos partir, nós vamos aguardar como as coisas vão se dar com você.

"Acredito que você tenha preocupação com o frio. Espero que você permaneça com saúde. Por aqui as coisas vão indo. Nós vamos todos cortar árvores para lenha. Em breve será primavera e esperamos estar reunidos. Escreva logo de novo, se for possível. Todos mandam lembranças. Saúda-o e beija-o a mamãe.

"A sua irmã Nenê.

"O seu pai.

"Mantenha-se com saúde. Até a vista."

VLADIMIR,
RÚSSIA.
24 DE NOVEMBRO
DE 1945.

A ESTAÇÃO estava cheia. O trem que levaria Horst embora da Rússia já havia recolhido prisioneiros em outros lugares. Eles caminhavam ao lado dos vagões, parecendo ansiosos, as botas fazendo barulho ao palmilhar as pedras perto dos trilhos. Homens de sorte. E Horst logo seria um deles. No caminho até ali, Horst observara a cidade como quem se despedisse. Não sentiria nenhuma falta de Vladimir.

O russo que acompanhava o grupo indicou onde deveriam procurar pelo oficial que havia chegado com o trem. Eles entraram no cubículo, uma sala de ar opaco e quente, o que a tornava um bom local naquela noite. O oficial, sentado a uma mesa, conversava com outros homens. Um deles também era prisioneiro, algum chefe de companhia. Foi ele quem fez sinal para os seis, indicando que o russo os chamava. Horst foi o último a ser atendido, achou ter esperado uma eternidade, mas não haviam se passado mais que alguns minutos.

– Documentos – disse o sujeito, esticando a mão direita, sem erguer os olhos da mesa.

Horst entregou o que tinha consigo. O chefe de companhia o olhava, bem ao lado.

– Horst Ewaldo Brenke – disse o oficial russo.

– Sim, senhor. Horst Brenke.

– Brasileiro, então? – tornou, ainda com os olhos baixos, em russo.

– Ele quer saber se você é brasileiro – repassou o chefe de companhia

– Sim, senhor. Eu sou brasileiro – Horst disse, e viu o chefe de companhia balançar positivamente a cabeça.

– Curitiba... – leu com dificuldade o russo.

– Curitiba, Brasil – Horst confirmou.

O homem levantou os olhos e mirou Horst por um instante. Era um oficial do GPU. Usava o mesmo uniforme que o capitão. Tinha os olhos vazios que todos eles pareciam ter. Devia ter a idade de Richard.

– Horst Ewaldo Brenke – repetiu. – E onde está a sua família?

– Ele perguntou onde está sua família.

– Berlim, senhor.

– Como?

Antes de ver o oficial russo riscar o nome que havia acabado de escrever no papel, Horst compreendeu.

Horst ainda tentou reafirmar que era brasileiro, explicar que apenas era filho de alemães, que todos partiriam em breve para o Brasil. Já era tarde. Foi enxotado e colocado em um canto, sob vigilância. O mesmo russo que o havia levado até a estação o acompanhou de volta ao campo principal. O trem ainda não havia partido quando ele subia o morro próximo ao monastério.

"Nada!! Toda alegria em vão! É de se desesperar! Não é mesmo tão fácil como eu pensei!", Horst escreveu, em sua nova cama, no campo principal. "O destino aparentemente quer me testar por toda a duração da vida!"

Novamente não aconteceu. Ele não se atrasou, mas o trem partiu e ele não estava a bordo. Horst foi riscado da lista de transporte internacional, enviado de volta para o campo principal, e por lá ficou. Não o devolveram para a fábrica de tratores. Foi colocado em um alojamento com prisioneiros que haviam acabado de chegar, transferidos de outros campos. A nova companhia atendia pelo nome de Décima Primeira, e a nova cama de Horst lhe permitia deitar sobre um saco de palha. Ele soube que teria outra vida a partir dali. Lá se fora o trabalho no escritório de construções técnicas. Lá se foram os papos com Jupp, o tempo ao lado de Alexandra, as partidas de xadrez com o comandante. Tudo isso era passado e ele ainda estava na Rússia.

Horst estava certo em suas previsões. No dia seguinte bem cedo já foi enviado com o grupo para o trabalho. Foram parar num ponto remoto e secundário da ferrovia, o trecho final onde os vagões descarregavam. Os prisioneiros chegaram e foram logo iniciando a atividade. Horst hesitou por um momento. O vigia gritou um xingamento qualquer em alemão, que ele, pela distância, não entendeu muito bem. O lugar era ermo. O som ecoava nas árvores mais adiante, e o vento fazia muito barulho. O chão estava todo coberto de neve. Um dos prisioneiros colocou a mão nas costas de Horst e o guiou até perto de um dos vagões.

– Nós devemos descarregar – disse ele.

Horst olhou para dentro do vagão. Estava entupido de carvão. Começaram a ensacá-lo, depois, a levar os sacos até um ponto mais adiante, de onde eles seguiriam, de caminhão, para uma fábrica. Havia ainda vagões com madeira, outros com turfa. Todos trabalharam até a metade da manhã em silêncio. Fazia muito frio. Um intervalo foi anunciado. Os homens se reuniram em uma barraca de madeira onde havia fogo. Horst tentava se aquecer, sentia os dedos enrijecidos, via neles pequenos machucados, mas não sentia dor. Aproximou-se da fogueira, pisou muito perto e não sentiu os pés. O homem que lhe indicara o vagão se aproximou. Horst deu um passo para trás, seus dedos queimavam.

– Rudolf – disse o sujeito, com um leve cumprimento de cabeça, enquanto indicava a Horst a distância que ele deveria manter do fogo.

– Horst.

Rudolf Koch era de Berlim, ele contou. Chegara a Vladimir havia dois meses, depois de passar por outros campos dentro da Rússia.

– Sibéria? – perguntou Horst.

– Por Deus, não.

Todos voltaram ao trabalho. Horst e Rudolf conversaram novamente no almoço. Este falou sobre a vida antes da guerra, o caminho até ser preso, a família: pais, esposa, filhos. Voltaram ao trabalho. Ficaram próximos nos dias seguintes. Trabalharam sempre na estação de descarga. Quando não houve mais vagões, surgiram caminhões para serem carregados; quando os caminhões acabaram, chegaram novos vagões.

A vida no campo principal era diferente. Talvez porque Horst fosse um desconhecido; talvez porque algo havia mudado. Rudolf lhe disse que esperava o inverno passar para jogar futebol no campo que havia nos fundos dos alojamentos. Horst se lembrava daquele lugar. Havia terraplanado aquela área logo nas primeiras semanas em Vladimir. Agora era um campo de esportes. Um campo coberto de neve até a altura dos joelhos.

Logo chegou o Natal. A véspera caiu numa segunda-feira. À noite, no campo, Horst se sentou próximo à porta do alojamento, ao seu lado sentou-se Rudolf. Horst pensava na sua casa, nos natais anteriores. Vivera bons natais no Brasil. Dezembro costumava ser um mês quente e chuvoso em Belo Horizonte. A noite de Natal, muitas vezes, se passava embaixo de chuva.

– Se eu estivesse lá já teria tomado muita cerveja – disse Rudolf, certo de que pensava a mesma coisa que Horst. – Comeria carne de porco.

Falaram de comida. De bolo, de biscoitos, de chocolate, de fruta, de salada de batata com salsicha. Horst se lembrou do pato que sua avó Wanda costumava fazer. Iam ele, Nenê e Richard visitá-la. Margarete nunca ia. Os três comiam até não suportar mais. "O que será que ceiam na minha casa?", Horst se perguntou. "Será que ceiam? Será que tenho casa?"

Outro homem se aproximou, sentou-se também no chão. Não deu atenção para a conversa entre Horst e Rudolf. Ficou quieto, olhando para o céu e baforando as mãos para se esquentar. Fechava os olhos por alguns segundos, depois retomava o olhar fixo para o nada, como se procurasse uma resposta, uma pessoa, uma saída... Horst prestava atenção no sujeito. Tentou deduzir o que pensava. Não era preciso muito esforço. Todos pensavam o mesmo, tinham os mesmos vazios.

Horst tinha escrito pouco nas últimas semanas. Havia ficado sem papel no começo de novembro, mas conseguiu escapar do escritório com uma folha, que dobrou em quatro para ganhar um novo diário de oito páginas. Mas elas não iriam durar muito. Aí, adeus diário. Sem o escritório, não teria como arrumar papel. Além disso, o trabalho o esgotava. Pensar parecia fazer cada vez menos sentido, assim como escrever. Naquela noite, no entanto, não se preocupou com nada disso e escreveu por mais tempo.

"O Natal mais triste da minha vida! Talvez também o último. Em um campo de prisioneiros russo, separado de todo mundo, sem saber se ainda tem ou não parentes, piolhento e sujo em roupas engorduradas, fedido, com o estômago faminto senta-se aqui e pensa nos belos tempos que talvez não voltem mais!"

Na noite de Natal, fazia 25 graus negativos. Os prisioneiros não sentiam os pés. As botas de Horst já eram buracos cercados de couro sujo. Os trapos usados pelos soldados russos poderiam evitar pés de trincheira, mas não serviam muito para prisioneiros de guerra no inverno em Vladimir. Ainda assim, Horst precisava cuidar delas. No alojamento novo do campo principal havia quem tivesse botas piores; e, durante a noite, havia quem roubasse botas um pouco melhores. Ele se manteve atento. Nenhum presente amanheceria em sua meia no dia 25 de dezembro. Devia ao menos prezar pelas botas.

Na noite de ano-novo, o frio foi um pouco menor. Horst ainda tinha suas botas.

VLADIMIR, RÚSSIA. 20 DE JANEIRO DE 1946.

NÃO EXISTIU silêncio durante todo o inverno. O vento assobiava sem pausa, cortando a estação de descarga, viajando em redemoinhos de neve e variando de tom. Era uma tarde cinzenta de fins de janeiro, e Horst caminhou até a barraca construída no meio do pátio. A tempestade de neve lhe atrasava o passo, o vento reverberando dentro de sua cabeça, como ocorria a todos o tempo inteiro. Tudo era branco ao redor. Uma locomotiva uivou em algum lugar. Estava por perto, além das árvores ou poucos trilhos adiante, mas a neve não permitia ver. Em Vladimir, por aqueles dias, os trens eram como lobos, e lobos eram só o que faltava naquela paisagem fantasmagórica.

Havia outros homens na barraca. Quietos, tentavam se aquecer, mas o fogo estava tão fraco que pouco tempo depois restaram apenas cinzas. Era preciso buscar mais turfa e madeira, o que significava deixar a cabana, cruzar o pátio coberto de neve, encarar o vento e voltar com a carga. Se fosse dias atrás, teriam mandado Horst ir buscar; era o que faziam com os novatos. Agora, ele já não deu a mínima quando o olharam, e ninguém teve coragem de lhe dizer nada. Àquela altura, Horst também não se importava mais com a possibilidade de um guarda aparecer. Decidira fazer uma pausa e não temia ouvir qualquer repreensão.

O frio diminuíra um pouco pelo meio de janeiro, e o degelo ameaçou começar. Mas não passou de ilusão. A neve caiu ainda mais forte alguns dias depois, a temperatura chegando aos trinta graus negativos. Era o que marcava o termômetro da estação de descarga na tarde em que os homens se escondiam na barraca. O vento varria a neve do chão, e Horst olhou a estrada que haviam limpado para a passagem dos caminhões. Estava novamente tomada de branco. Dentro da barraca, o fogo seguia apagado e ninguém parecia querer acendê-lo. Algo então pareceu diferente no barulho do vento: ao longe, o ronco de um motor anunciou a chegada de novo caminhão. Horst amaldiçoou a todos, levantou a gola do paletó e partiu para fora. Calçou as luvas – umas luvas esfarrapadas que havia recebido para trabalhar – e apanhou outra vez a pá para abrir o caminho.

Naquela noite, no campo principal, Horst gastou um longo tempo observando os vigias. Não estavam armados. Tentou ver, apesar da neve e do escuro, a guarita na entrada. Havia apenas um homem, não era possível garantir que estivesse desarmado, mas era certo que não usava capacete. Nunca usavam capacetes. Horst pensava na facilidade com que poderia alvejá-lo da distância em que se encontrava, sentado próximo à entrada do alojamento. Lembrou-se de Hetzenauer, o soldado de que ouvira falar durante a guerra, um atirador com centenas de mortes no currículo e que havia cravado uma bala num russo a mais de um quilômetro de distância. Hetzenauer acertaria com os olhos fechados. Ele, Horst, também, se tivesse um bom Mauser nas mãos. Ele teria coragem de fazê-lo. Neste caso teria.

Horst andava cada vez mais irritado. Deixara de ter esperanças de ser enviado de volta para casa. Agora, estava apenas decidido a voltar. Resolvera que conseguiria de qualquer forma. Assim que o inverno acabasse e o sol tornasse a brilhar, fugiria dali.

Horst estava com o espírito forte, mas seu corpo estava cansado. Não suportava mais aquela sopa que só trazia mais fome. Passou a dormir muito quando estava no campo. Quase tinha preguiça de se levantar para comer. Nos dias de folga, mal deixava seu colchão de palha. Havia voltado aos dias da viagem de trem: tentava combater a fome dormindo, se esquecendo dela, mas ela não o abandonava.

Horst também não escrevia muito. Ainda usava o papel roubado do escritório e ele chegava ao fim; não via perspectiva de conseguir mais. Além disso, o trabalho lhe tomava muito tempo; os dias de folga passavam sem se ver. Nestes, pela manhã, iam todos ao banho. Horst costumava gastar algum tempo remendando o uniforme sujo e esburacado; às vezes, lia um livro grosso e amassado que rodava pelo alojamento.

Quando percebia, o dia havia passado e ele dormira a maior parte do tempo. Pegava então o diário e voltava a dormir.

O papel chegou realmente ao fim no dia 12 de fevereiro. A última coisa que escreveu foi sobre o tempo. Os termômetros marcavam novamente trinta graus negativos.

Foi Rudolf quem lhe ensinou como arrumar papel. Eles foram conversar com um dos homens do alojamento, que trabalhava nas obras, levantando pequenos prédios num terreno ao lado da cidade, não muito longe da fábrica de tratores. Ele foi prestativo. Trouxe, logo no dia seguinte, um pouco de papel para Horst. O papel vinha dos sacos de cimento. Os prisioneiros que trabalhavam com construção civil retiravam as quatro folhas que formavam o saco e escondiam a folha mais interna, normalmente, mais macia e menos suja. Horst limpou a folha, cortou-a em retângulos, dobrando-os ao meio e costurando-os ao centro com um pedaço de arame que o companheiro já havia trazido. Horst tinha então um novo diário. Era o terceiro diário desde que se tornara um prisioneiro de guerra.

A rotina no campo principal incluía um trabalho de vigia. Alguns prisioneiros se revezavam à porta do alojamento, velando o sono dos outros e cuidando para que nada fosse roubado. Era a vez de Horst, já pelo fim de fevereiro; a neve ainda cobria o pátio e o vento corria sem trégua quando os alto-falantes bem acima dos beliches começaram a transmitir o julgamento de Nuremberg. Quase ninguém dormiu.

Um sujeito interrogava o Marechal Paulus, e logo o interrogatório se tornou interessante para todos no alojamento do campo principal.

"Testemunha", dizia uma voz fina, "você pode informar acerca de como eram tratados os prisioneiros de guerra alemães na União Soviética?".

"Esta questão", começou o Marechal Paulus, "sobre a qual foi feita uma quantidade incrível de propaganda, a qual levou ao suicídio de tantos oficiais alemães e pessoal alistado no caldeirão de Stalingrado, me obriguei a considerar pelo bem da verdade...".

"Um momento", interrompeu um terceiro homem. "A inquirição diz respeito a questões relevantes aos assuntos que o Tribunal deve julgar ou questões relevantes à credibilidade da testemunha. Questões que dizem respeito ao tratamento de prisioneiros na União Soviética não têm absolutamente nada a ver com os assuntos que temos de julgar, e não são relevantes à credibilidade da testemunha. Portanto, o Tribunal não as ouvirá.

"Senhor Presidente, posso dar uma razão pela qual faço tal questionamento?", tornou o homem com a voz suave, tinha algo de teatral ao falar. "Posso fazer uma breve declaração?"

"Sim."

"Eu gostaria de propor tal questão porque conseguiria constatar como, de fato, prisioneiros de guerra eram tratados, para que um número maior de famílias alemãs, as quais estão extremamente preocupadas a respeito de tal assunto, pudessem, assim, receber informações, para que suas preocupações cessassem."

"O Tribunal é da opinião de que não se trata de matéria pertinente ao Tribunal."

"Não tenho mais perguntas para fazer à testemunha", a voz fina pareceu distante.

"Nós, os esquecidos", Horst disse consigo, "sabemos melhor do que ninguém como as coisas estão para nós".

Ouvir o Marechal Paulus o fez pensar nos comandantes de campo durante a guerra, nas tentativas constantes de impelir os soldados contra os russos, de manter acesos o ódio ao inimigo e a fé na vitória alemã, por mais inacreditável que ela pudesse parecer. Muitos deles agora eram chefes de companhia. Trabalhavam para os russos, se dizendo contra o que por muito tempo haviam defendido. Horst se incomodava com os alemães que trabalhavam no campo dando ordens a prisioneiros alemães. Principalmente, porque eles comiam melhor. E nada poderia lhe irritar mais do que algo relacionado ao estômago.

Nos últimos dias de fevereiro, Horst recebeu seu primeiro salário: 75 rublos. Podia-se comprar, se desse sorte de encontrar, um quilo de pão por 25 rublos. Por esses dias também ele começou a ter dificuldade para respirar. Logo percebeu que tinha algo nos brônquios. Passou dois dias sem ir ao trabalho, embora tenha tido problema para convencer o chefe da companhia de que realmente estava doente. Horst teve febre. Já era março quando voltou ao trabalho. O inverno começava a ceder.

Horst foi colocado para trabalhar carregando ferro durante alguns dias. Sua comida foi roubada pela manhã. Pouco depois, recebeu notícias de casa. Leu a carta com vontade de chorar. Não se recuperou verdadeiramente. Sentia-se cansado o tempo todo, continuava com dificuldade de respirar, mas acreditava que aquilo melhoraria assim que o sol voltasse a reinar. Torcia para o inverno terminar logo. Antes de o mês terminar, alguém apareceu procurando por seu número de categoria. Horst foi novamente à enfermaria, e a mesma médica que um dia o enxotara de lá o atendeu e lhe aplicou uma injeção.

Só em abril o inverno terminou de vez. Horst foi trocado de trabalho e acabou escavando carvão para uma fábrica de sabão. Definitivamente não era um bom trabalho. Ainda em abril, passou à limpeza da fábrica. Foi melhor, embora ainda tivesse que caminhar muito para chegar até lá. Antes de o mês se encerrar ele retornou aos vagões na estação de descarga, desta vez um trabalho noturno. Quase deu para sentir falta dos meses de inverno.

No dia 28, Horst completou um ano como prisioneiro. Foi um domingo. Um ano havia se passado desde o dia em Halbe, quando os russos atropelaram o batalhão alemão já completamente perdido, sem comando e sem vontade de lutar. Um ano. Um ano sem liberdade. Foi um domingo de trabalho. Mas foi um domingo de sol. Horst recebeu 150 rublos como pagamento. Não havia recebido nada no mês anterior. Estava cansado e ansiava pelo 1º de maio, pois seria um dia de folga. E foi realmente.

Houve boa comida. Houve até um pedaço de bolo e vinte gramas de gordura. Foi um dia ensolarado, e só de não haver trabalho já dava um clima melhor ao campo. Horst também não trabalharia no dia seguinte. Era o dia de folga de sua companhia, quando deviam tomar banho e costurar os trapos que tinham por roupa. Dessa forma, ele teria dois dias para recuperar forças e tentar pôr os pensamentos no lugar. Mas o chefe não pensou assim. Acordou os homens logo e os mandou para fora. Iriam trabalhar normalmente.

Horst trabalhou durante toda a manhã na estação de descarga. Havia chegado um trem abarrotado de carvão e não faltaria trabalho naquele dia. Pela tarde, uma tempestade surpreendeu a todos. Horst e outros três homens saltaram para dentro do vagão e se sentaram no chão. Horst observava a chuva cair com violência sobre o pátio, varrendo a terra que havia sido branca durante muito tempo. As árvores ao redor da estação começavam a recuperar seu verde e balançavam de acordo com o vento. Era boa a sensação de estar dentro de um trem. Se Horst fechava os olhos, conseguia imaginá-lo em movimento, levando-o de volta para casa. Os três camaradas, também sentados ao chão do vagão, não pareciam tão descontraídos. Estavam temerosos de que o vigia passasse e os visse sem trabalhar.

– Se um dia eu voltar pra casa – disse Horst –, vou acertar as contas com eles.

– Eles quem? – perguntou um dos três.

– Esses que se chamam antifascistas.

– Os vigias?

– São os mesmos que nos impeliram no campo de batalha e agora tentam se esconder atrás da máscara de inocentes.

– Mas o que podemos fazer? – lamuriou um dos camaradas.

– Serão todos desmascarados – Horst viu que lhe davam atenção. – Minha convicção é a da paz e da luta contra o fascismo.

– Sei – disse o outro homem, que até então estava calado.

– Conceder ao trabalhador – continuou Horst – uma boa vida.

– Eles só fazem se esconder do trabalho – tornou o primeiro camarada.

– Para comerem até ficarem satisfeitos – conclui Horst. – Enquanto a gente come uma kasha sem força alguma.

– São uns parasitas.

– Se, mais tarde, tudo der certo – disse Horst.

– Vai dar. Tem que dar.

– Vou me levantar e ir adiante – continuou Horst. – Lutarei contra o fascismo e o capitalismo. Eles querem apenas sugar o trabalhador. A guerra, como eu entendo essa palavra, nada mais é que semear desgraça e destruição entre as pessoas; é elaborada em maquinações por alguns poucos, que pretendem enriquecer com o sangue das pessoas, mas querem manter-se incólumes a ela. Mas agora já aconteceu, e a gente tem que suportar as consequências.

Os homens não pareciam mais interessados.

– Não se deve ficar pensando muito a respeito do que nos fizeram – disse Horst. – Nós fomos lançados à força num grupo que tinha a ordem de matar. Atirar com uma espingarda para fuzilar pessoas.

O temporal dava uma trégua. Os homens foram se levantando para voltar ao trabalho.

– Não, eu não pude fazê-lo – seguiu Horst. – A mim essas pessoas não tinham feito nada. – Não havia mais ninguém para ouvi-lo.

BERLIM, ALEMANHA.
6 DE JANEIRO DE 1945.

BERLIM FOI uma cidade adormecida nos primeiros dias de 1945. O novo ano chegou numa segunda-feira. Houve os bombardeios a que todos estavam acostumados. A família Brenke esteve quase todo o tempo no bunker ao final da rua. O feriado de ano-novo só terminou na manhã do dia 3, com as pessoas tentando ir ao trabalho, caminhando por entre os escombros ou usando os poucos bondes e trens que ainda funcionavam. O sexto dia do ano caiu num sábado frio, em que Horst acordou com fome, vestiu o casaco e se aproximou de Margarete pedindo os cupons de racionamento. Ela se surpreendeu ao ver que a intenção do filho era sair.

– Vou tentar comprar pão – Horst disse.

– Não, meu filho. É perigoso.

– Eu corro até o armazém perto da estação – tornou Horst. – Se também não tiver pão eu volto na mesma hora.

Fazia frio e havia fila. Significava que havia pão. Horst se juntou ao grupo com os cupons de racionamento à mão, metidos no bolso do casaco. Era um dos poucos homens ali. Ainda não havia sido atendido quando um caminhão militar freou fazendo barulho no asfalto escorregadio. Nem todos se assustaram. Os soldados desceram e passaram a fila em revista. Horst foi um dos primeiros a ser visto.

– Documentos – disse o militar.

Horst entregou o que tinha consigo.

– Por que você não se apresentou para servir ao país?

– Porque eu não sou alemão – disse Horst. – Sou brasileiro.

– E por que você está em Berlim? – tornou o militar.

– Porque não nos permitiram embarcar de volta ao Brasil.

– Por que você fala alemão?

– Porque eu estudei aqui – retrucou.

– Onde está a sua família?

– Minha mãe está em Berlim. Em casa. Doente.

– Os seus pais são brasileiros?

– Não – afirmou Horst.

– São alemães?

– São sim, senhor.

– Então você também é alemão – finalizou o militar.

O sujeito devolveu os documentos a Horst e lhe indicou a carroceria do caminhão. Horst guardou os documentos.

– Suba! – ordenou.

As pessoas em volta observavam. Um outro homem já havia deixado a fila e subia no caminhão. Horst olhou a rua. O militar o pegou pelo braço. Deram alguns passos e subiram à carroceria do caminhão, que partiu. Horst se sentou contra o guarda-corpo, enfiou as mãos no bolso para se aquecer. Viu a rua ficando para trás, enquanto apertava os cupons de racionamento que estavam no bolso. As pessoas na fila já não o observavam mais.

No dia em que Horst saiu para comprar pão e acabou enviado para a guerra, ela estava às margens do Vístula. A frente de batalha entrou o ano a poucas centenas de quilômetros de Berlim, com o rio que corta a Polônia do sul ao norte, dos Cárpatos na Alta Silésia até o Mar Báltico, separando russos e alemães. Foi então que os soviéticos lançaram a maior ofensiva da Segunda Guerra, avançando do Vístula ao Oder em apenas duas semanas e deixando 450 mil soldados alemães mortos em um único mês. Janeiro foi um mês bastante frio. Foi em janeiro que a maioria dos soldados da frente oriental começou a perceber que a Alemanha seria derrotada. E pior: que eles seriam mortos.

Em nenhum outro momento da guerra morreram tantas pessoas quanto nos primeiros meses de 1945. Não só no front e nas cidades bombardeadas, mas em todos os lugares aonde a guerra chegava. À medida que os soviéticos progrediam sobre a Alemanha, civis fugiam em massa para o oeste. De cima do caminhão, Horst viu as estradas entulhadas, as famílias, que àquela altura eram só mulheres, velhos e crianças, tentando fugir em carroças cheias de pertences; muitos outros iam a pé, carregando tudo o que fossem capazes de levar além de suas próprias histórias.

Fevereiro fez menos frio que o habitual, e as enchentes de primavera do Oder se mostraram úteis aos russos. Horst esteve alguns dias em treinamento e chegou à posição avançada no final do mês. No caminho até o front, viu um país destruído, cidades em ruínas e quase vazias. Imaginou que encontraria uma situação ainda pior mais à frente; a guerra de verdade deveria ser um verdadeiro inferno.

Horst foi despachado para o front com uma porção de pão, linguiça e fumo. Usava um uniforme maior que seu corpo, e o capacete italiano só não lhe tapava as orelhas, como ocorria com muitos do grupo, porque sua cabeça era grande em relação à altura. Chegou a um vilarejo perto de Frankfurt, às margens do Rio Oder, e só encontrou homens cansados escondidos em trincheiras mal cavadas sobre o terreno congelado. Nos primeiros dias no front, apenas cavou e construiu a própria trincheira, ouviu histórias dos mais velhos, fumou e ansiou pelo ensopado noturno que chegava das cozinhas de campanha, na retaguarda.

O Oder era bastante largo no ponto em que estavam. Havia começado a degelar. Março entrou e passou como se existisse guerra em todo o mundo, menos no front onde Horst estava. Do outro lado do rio estavam os russos. Mas pouca coisa acontecia. Durante a noite, algumas vezes, uma das margens disparava um tiro a esmo. Do outro lado, os homens ficavam atentos para ver de onde vinha a luz provocada pelo disparo e retrucavam imediatamente, tentando acertar o ponto onde surgira a luminosidade. A guerra, para Horst, não passava disso.

Durante todo o mês de março e as primeiras semanas de abril a guerra esteve em suspenso. Nas margens do Oder, reinou uma pausa, durante a qual os dois lados se reagruparam e refizeram suas forças. Do outro lado do rio, estava o limite entre a Primeira Frente Bielorrussa, de Zhukov, e a Primeira Frente Ucraniana, de Konev. Horst podia ouvir o barulho dos preparativos soviéticos, pois, por mais que tentassem, era impossível disfarçar tamanho movimento.

Do lado alemão, o trabalho às vezes parecia mais destinado a convencer os soldados a combater. Muitos não tinham armas. Alguns usavam uniformes da Primeira Guerra ou sobretudos marrons que os tornavam alvos fáceis sobre a neve branca. Muitos eram tão jovens que trocavam a porção de fumo por doces. O desejo que se espalhava entre eles era conseguir roupas comuns e se misturar aos civis para fugir para o oeste, pelas estradas abarrotadas ou pelas florestas às margens do Spree. Os nazistas, no entanto, haviam instituído tribunais de campo e matavam todos os militares que encontravam tentando desertar. No final de março a comida piorou. Quando abril entrou, todos ficaram atentos; os mais experientes entendiam que algo estava para acontecer.

No primeiro dia de abril, Konev e Zhukov se reuniram com Stalin em Moscou. Às três da manhã do dia 16 de abril, os russos deram início ao ataque final, que acabaria com a Alemanha dentro de poucas semanas. Foi um dia chuvoso e escuro. A oeste do Oder, próximo aos montes Seelow, o 9º Exército alemão contava com 129 mil homens. Muitos eram garotos despreparados e assustados, como Horst Brenke. À frente deles, os comandados de Konev contavam 900 mil soldados. Quando o fogo soviético começou, às três da madrugada do dia 16, o barulho das lagartas e das katiúcha cortando o céu, os soldados alemães voltavam à segunda linha aos gritos de "der Iwan kommt!" – "O Ivan chegou" –, tudo ruiu.

A intensidade do bombardeio soviético pôde ser sentida nos subúrbios orientais de Berlim, a quase sessenta quilômetros do front. Segundo relatos, casas tremeram, quadros caíram das paredes e os telefones tocaram sozinhos. Pareceu um pequeno terremoto. É bem provável que Margarete e Maria do Carmo tenham ouvido algo da Gubitzstraße. No front, o Grupo de Exércitos do Centro tentou resistir e manter a posição, mas não foi possível. Quando amanheceu, os Shturmoviks passavam sobre suas cabeças a despejar bombas. O medo que se criou foi tão grande entre os jovens e despreparados soldados alemães, que alguns surtavam ao ouvir a menor explosão. Não demorou para começarem a recuar.

O 9º Exército se desfez nos dias seguintes. Os batalhões se misturaram. Ordens deixaram de ser ouvidas. Muitos oficiais abandonaram seus homens por aqueles dias. Horst marchou para o oeste, por entre a floresta do Spree. Parte do 9º Exército escapou por uma brecha entre as duas linhas de frente dos russos. Em 19 de abril se desfez em três. Horst seguiu para o oeste. Ele ouvia muita coisa, mas já não sabia em que acreditar.

Correu a notícia de que Hitler preparava uma nova e milagrosa arma. Estavam todos salvos. Um milagre aconteceria e a Alemanha ainda venceria aquela guerra. Houve quem acreditasse, e o clima melhorou bastante. A propaganda nazista havia dito várias vezes que não era possível sair derrotado quando se lutava do lado certo. Tinham dito aos soldados que não havia chance de derrota. Eles deveriam até se envergonhar de terem duvidado por algum momento.

Ainda assim, seguiam em retirada. O grupo de Horst já andava pela floresta havia dias, com receio de encontrar os russos pela estrada e mais ainda de serem vistos pelos aviões inimigos. Pararam para descansar em algum ponto do Spree. Os homens estavam exaustos.

Horst se sentou ao lado de outro soldado. Tinham ficado amigos. Ele era um cabo da tropa de reconhecimento da qual Horst, em tese, ainda fazia parte. A tropa, no entanto, era algo impossível de definir. Estava misturada à massa disforme que se tornara aquele grupo que marchava rumo ao oeste, numa retirada que pouco entendiam. Horst acendeu um cigarro e continuava atento aos gestos do amigo, que limpava cuidadosamente sua carabina automática. Horst soltou a última baforada do cigarro e o jogou ao chão.

– Você viu como o tempo está bom para uma excursão de esqui nas montanhas? – disse Horst.

O amigo não levantou os olhos para conferir as montanhas que se insinuavam além das árvores.

– Essa ideia desaparecerá de sua cabeça já já, quando tiver de tratar de cair fora daqui. – Horst não se incomodou com a resposta do amigo, que continuou: – Você é novato aqui nesta tropa – ele finalmente olhou para Horst –, senão não falaria mais assim.

O grupo de Horst foi cercado no vilarejo de Halbe, aonde chegou na madrugada do dia 28 de abril. O combate na região durou dois dias; estima-se que quarenta mil pessoas, entre civis e soldados, perderam a vida nesse período. Horst Brenke foi capturado logo nas primeiras horas. Foi preso sem tentar lutar, antes da chuva do fim do dia. Haviam se passado três meses e vinte e dois dias desde a manhã em que saiu para comprar pão e foi parar na guerra. Na sua vida como soldado, não teve tempo de escrever para casa, não teve tempo de aprender a ser soldado, não viu a guerra como nos filmes de guerra. Com exceção de algum tiro no escuro, não deu nem um tiro na guerra.

MOSCOU, RÚSSIA. 19 DE MAIO DE 1946.

HORST SALTOU do vagão e foi se sentar no chão, sobre a grama orvalhada da noite anterior. O dia ainda começava a amanhecer em Moscou. Sim, Moscou. Ele pegou o diário e se pôs a escrever. Havia dias que não o fazia. Ele e o trem tinham chegado pouco depois do entardecer. O trem em que estava o levava de volta para casa. Não havia muito o que explicar. Simplesmente acontecera. Tudo que ele mais desejara desde o dia em que desembarcou em Vladimir finalmente se realizava. Horst havia sido colocado em um transporte internacional e estava indo embora da Rússia.

Tudo tinha começado cinco dias antes, antes mesmo de o dia clarear. Os prisioneiros foram acordados e colocados para fora do alojamento. Um comissário russo que não parecia nada satisfeito em estar de pé àquela hora apareceu para proceder com mais um interrogatório. Horst já não tinha mais paciência para aquilo. O sujeito começou com as perguntas de sempre; não usava um intérprete e seu alemão não era tão ruim. Horst respondeu com desinteresse. Afirmou novamente ser brasileiro, mas já havia perdido as esperanças de que alguém acreditasse ou de que isso pudesse fazer alguma diferença.

– Quantos anos você tem?

Horst arregalou os olhos. O sujeito tinha perguntado em português.

– Eu completo vinte anos dentro de um mês e seis dias!

No mesmo dia Horst foi colocado em um transporte internacional.

O trem deixou Vladimir naquela noite. Horst subiu no vagão de carga como se estivesse embarcando na primeira classe. Desta vez não houve atraso, não houve resposta errada. O vagão chacoalhou, o trem fazendo esforço para sair do lugar. Partiu. Ia lento, acompanhando o Kliazma perdido na escuridão da noite. Logo pararam. E o trem foi parando tanto após deixar Vladimir, e ficando tanto tempo parado, que Horst quase começou a duvidar de que realmente sairia da Rússia um dia. Deixou Vladimir na noite de uma terça-feira e só foi chegar a Moscou na noite do quarto dia. Pararam novamente. A manhã seguinte foi um domingo. Ele estava sentado na grama, devia ser umas sete da manhã, e escrevia sobre o "conto de fadas" que vivia. No mesmo dia, seguiu viagem.

O trem passou por Briansk na manhã seguinte. Novamente parou e esperou um bom tempo. Horst estava impaciente. Tentava dormir. Parecia sorte demais. Conviveu o tempo todo com o medo de que algo desse errado. Dois dias depois o trem estava perto de Kiev. Chovia muito e foi um dia escuro. A viagem seguiu com dificuldade e Horst pensava como seria quando cruzassem a fronteira russa, o que só foi ocorrer no final do mês, quando já entrava a terceira semana de viagem.

No dia 31 de maio o trem passou por uma ponte sobre o Rio Tisza, fez uma curva suave à direita e logo parou em uma pequena estação onde se lia "Camara Sieget". Horst anotou no diário. Ao cruzar aquele rio, haviam deixado o território soviético. Horst ainda não sabia disso. Estavam em Sighetu Marmaţiei, uma minúscula cidadezinha quase ilhada pelo Tisza e outros dois rios, na região conhecida como Maramureş, na Romênia.

Foram todos desembarcados. Estavam no meio da tarde e o calor fazia ferver a lataria do trem. Horst suava dentro do uniforme militar. Sentia-se sujo e tinha fome, mas andava dando pouca importância para ela desde que embarcara. A comida não mudara em nada nas últimas duas semanas; havia a mesma sopa aguada com pão preto e todos ficavam muito tempo sem comer nada. Mas nada disso tinha importância quando se estava voltando para casa.

O grupo deixou a estação e caminhou por uma estrada de terra em direção à cidade. Chegaram a um campo provisório, cercado por muitos carvalhos e outras árvores menores, além de cercas não muito altas. Foram apanhados pela chuva que caiu com o fim da tarde, mas não viram problema em molhar os uniformes imundos. Refrescaram-se. Horst notou que não havia mais guardas. Os russos tinham ficado na estação. Ele tentava sacudir o casaco molhado quando percebeu que receberia roupas novas. Ganhou uma calça escura, uma camisa branca de botão e um paletó surrado. Serviram-lhe muito bem e eram muito melhores que o velho uniforme militar. Fazia mais de um ano que Horst não se via assim. Havia usado o mesmo uniforme todos os dias desde abril de 1945. Era junho de 1946 e seu aniversário se aproximava. Ele começava a fazer planos de passá-lo em casa.

Demorou a escurecer. Ainda estava claro quando o sino da catedral foi ouvido, vários metros adiante, no centro da cidade, marcando sete horas. Horst se levantou e foi até o portão. Colado à cerca, conseguia ver uma alameda onde jovens casais passeavam para cima e para baixo. Estavam bem vestidos e andavam aninhados, conversando ao pé do ouvido e rindo. Pareciam felizes. Horst se entristeceu.

Ao ver a vida além da cerca de arame farpado, percebeu o quanto de sua própria vida havia perdido. Mais do que ficar preso por um ano na Rússia, tinha deixado de viver durante um ano. Os jovens bem vestidos caminhavam pela alameda. Abraçados, eram iluminados pelo Sol que se punha. Horst continuava atrás de uma cerca. Perguntava-se o que havia feito para merecer aquilo. Nada, concluía. Simplesmente não tivera sorte. Enquanto os casais passeavam por entre as árvores, no lusco-fusco do início da noite, ele se sentava confinado como um criminoso. Horst voltou para o alojamento e decidiu que não tornaria a se aproximar do portão.

Os dias seguintes foram dedicados a dormir e comer. Foram dias muito quentes em Sighetu. Horst os via passar. O sino da catedral anunciando cada hora vencida, o Sol se pondo atrás do morro Solovan como uma grande bola de fogo. Atrás daquele morro estava sua casa, fosse ela qual fosse. Hungria, logo ali depois do morro; Alemanha, mais adiante; ou o Brasil, um oceano depois. Sua vida já era bem melhor em Sighetu. Tinham boa comida, não precisavam trabalhar, ninguém os tratava aos berros. Apenas não eram livres ainda. Horst dormia muito. Embora estivesse satisfeito por ter roupas novas, passava boa parte do dia apenas de cueca. O calor o fazia se lembrar dos dias quentes no Brasil.

Já tinha se passado uma semana quando Horst e os outros prisioneiros foram chamados para fora do alojamento. Seu espírito já estava bem melhor. Ele pensou que finalmente seguiriam viagem, quando foram caminhando pela mesma estrada por onde haviam chegado. Não tinha nada além do diário, porém podia-se dizer que carregava tudo consigo. Antes de chegar à estação, dobraram à esquerda. Foram dar no Tisza, com suas águas calmas escurecidas pelas pedras no fundo do leito. Horst demorou a entender. Só quando todos já haviam tirado a roupa e começavam a entrar na água foi que ele se deu conta. Ficou apenas de cueca e saltou para dentro do rio.

O Tisza formava pequenas ilhas de pedras naquele ponto. As pedras eram escuras como granito, grandes, redondas e lisas. O rio corria calmo, em direção à cidade. Lá muito adiante, quase tão distante quanto os pensamentos de Horst naquela manhã, ia desaguar no Danúbio. O Tisza faz muitas curvas até encontrar o Danúbio. Era como o que a vida parecia a Horst naquele momento. Imerso nas águas do Tisza, ele brincava feito uma criança. Tudo que havia passado nos últimos tempos fazia parte dele. Seus pés ainda doíam do congelamento, seu corpo ainda sentia a fraqueza dos maus-tratos, mas a marca mais indelével estava em sua memória. Foi um banho e tanto. Horst decidiu lavar a cueca. Quinze minutos sobre a pedra e ela estava seca. Vestiu-se e voltou ao campo. Estava renovado. Horst seguia pensando em seu aniversário, faltava pouco mais de uma semana. Ele começava a cogitar a chance de completar ali seus vinte anos.

Os prisioneiros ganharam companhia naquela noite. Quando voltaram ao campo já perceberam que havia novos visitantes. Um grupo de ciganos chegava com cavalos, carroças e carruagens. Andavam pelo pátio, levantavam tendas, fazendo muito barulho. Mais tarde, acenderam uma fogueira. Horst os observou com curiosidade. Eles se reuniram em uma das tendas maiores e iniciaram o que parecia ser uma encenação de teatro. Um deles tocava músicas animadas no violão. Os prisioneiros se aproximaram. Foi uma noite bem divertida.

Horst não passou o aniversário em Sighetu Marmaţiei. No dia 18 de junho eles seguiram viagem. Embarcaram em um trem de passageiros e seguiram para a Hungria. Dois dias depois ele comemorou seu aniversário em movimento. Chegaram a Debrecen no dia seguinte. Foram autorizados a sair e andar pela cidade. O trem só partiria durante a noite. Pela primeira vez depois de muito tempo, Horst foi um homem livre.

Debrecen é uma cidade muito plana e costumava ser muito bonita, mas ainda se recuperava da destruição da guerra. Horst deixou a estação e ganhou a rua. Não sabia muito bem o que fazer. Caminhou ao redor, tinha receio de como seria tratado. Tentava reparar na forma como o olhavam, mas ninguém o olhou de modo que parecesse diferente. Observando Debrecen, tentou imaginar como estavam as coisas em casa. Berlim devia estar em situação pior. Ele se lembrava bem do que os bombardeios haviam feito enquanto ele estava lá.

O trem seguiu viagem e passou por Budapeste. A guerra definitivamente havia passado por lá também. Quando se aproximavam de Viena houve uma longa parada. Correu a notícia de que deveriam aguardar por uma locomotiva americana. Passaram a noite ali e no dia seguinte, logo cedo, partiram no mesmo trem em que estavam. Foram desembarcados pouco depois, num vilarejo de que Horst nunca havia ouvido falar, ainda na Áustria. Chamava-se St. Valentin.

A libertação era mais sofrida do que Horst imaginara. Mal acreditou quando foi desembarcado em St. Valentin e levado novamente para um acampamento. Parecia sempre voltar ao princípio. O vilarejo era quente, houve boa comida, mas ele já não suportava mais aquela viagem. Quase não escrevia mais. E era totalmente compreensível. Todas as palavras naquele diário deviam-se ao medo da morte, ao receio que toma todo e qualquer soldado ou prisioneiro. Horst não pensava mais que ia morrer, mas começava a ficar impaciente. A viagem de volta já durava mais de um mês.

Horst passou mais de uma semana em St. Valentin. Praticamente não contou nada em seu diário, apenas que gostava do lugar. Deve ter tido a mesma companhia da Romênia: os sinos da catedral anunciando cada hora que se passava. Foram dias quentes, em que provavelmente dormiu muito. No início de julho, embarcou num trem americano e finalmente acreditou que ia para casa.

UDINE, ITÁLIA. 5 DE JULHO DE 1946.

QUANDO O trem de volta para casa rompeu o limite austríaco, a Itália logo se apresentou silenciosa. As Dolomitas surgiam ao longe pelas janelas do vagão. Os alpes nevados não tinham mais seu manto branco; restavam apenas borrifadas de neve, que podiam ser vistas por trás das nuvens muito altas. Tudo aspirava a vida nova. No quinto dia de julho, quando pisou em Udine, Horst decidiu que tinha uma nova data de nascimento. Era primavera também.

Horst e outros homens foram entregues aos americanos, que se mantinham no norte da Itália desde o ano anterior. Eram bem mais gentis que os russos, Horst logo notou, e ele foi um dos primeiros a ser chamado para o registro. Só então se deu conta de que não carregava nenhum documento; os russos haviam lhe tomado todos os papéis. Restavam-lhe apenas aquelas folhinhas amarronzadas a que chamava de diário e que em nada poderiam ajudar. Horst tinha então um novo e velho problema diante de si: provar que era brasileiro.

Horst já não era o garoto baixo e gordinho que fora jogado sobre a caçamba de um caminhão e mandado para a guerra. Tinha crescido, apesar da alimentação ruim – ele mesmo percebia isso quando estava ao lado dos outros prisioneiros – e além disso, a comida das últimas semanas o recompusera um pouco da magreza. Seus cabelos loiros já haviam crescido ao ponto de serem partidos de lado novamente. A cabeça grande, o rosto vermelho e o português enferrujado não ajudavam em nada naquele momento.

Havia muitos na mesma situação. Horst foi colocado junto com um grupo no qual havia alguns argentinos; todos sem documentos. Foram mandados para o terreno de uma igreja, onde alguém os ouviu e escreveu uma carta para as embaixadas brasileira e argentina, notificando-as de que haviam desembarcado na Itália cidadãos que precisavam de ajuda para voltar para casa. A solução era esperar novamente. Sempre esperar. Horst já deveria ter se acostumado a isso, mas estava ansioso.

Uma semana se passou e nada aconteceu. O grupo acabou transferido para Bolonha, onde se estabeleceu em um campo provisório na entrada da cidade. Os ex-prisioneiros de guerra dos russos passavam a deslocados de guerra. Para Horst, a vida nova estava parecida demais com a antiga. E não havia nada de bom nisso. De Bolonha, mandou notícias para casa. Escreveu perguntando pela vida na Gubitzstraße, contando ter sido liberado do campo de prisioneiros russo e pedindo que lhe mandassem urgentemente algum documento.

No dia 18 de julho, escreveu em seu diário:

"Ainda em Bolonha. Tudo vai tão lentamente quanto foi com os russos. E sem uma lira partiu-se para cá. Antes teria sido isso impossível para alguém. Tinha-se coisas tão ruins e chamava a atenção em todos os lugares. A UNRRA*, que ajuda o mundo, não se move pelas pessoas afetadas pela guerra. Ah! Passa-se por tudo e por todos".

Horst acordou mais animado no dia seguinte. O Sol era abrasador. Do campo viam-se as montanhas ao redor da cidade, mas não dava para ver a cidade em si, com sua infinidade de pórticos e prédios medievais, todos ainda envoltos em ruínas. Mais de noventa bombas foram despejadas em Bolonha durante a guerra, e a cidade ainda foi palco de fervorosos combates a partir de 1944, quando os alemães foram confrontados por Partisans, primeiramente, e pelo exército aliado, em seguida. Em abril de 1945, poucos dias antes de Horst cair nas mãos dos russos, a liberação da Itália foi perpetrada por americanos, ingleses e poloneses. Naquele julho de 1946, a reconstrução já começara, mas ainda havia muito trabalho a ser feito.

Horst ficou quinze dias em Bolonha. Agosto chegou e nada havia acontecido, só veio a notícia de que eles teriam de seguir para outro lugar. O grupo de deslocados de guerra do qual Horst fazia parte foi enviado para Aversa, uma cidadela próxima a Nápoles. No mesmo dia em que

---

* A United Nations Relief and Rehabilitation Administration (UNRRA) foi uma agência internacional de auxílio às nações fundada em 1943. Foi anexada pela ONU em 1945 e encerrou boa parte de suas atividades em 1947, dando lugar ao Plano Marshall. [N.E.]

desembarcou em Aversa, Horst seguiu para Nápoles, a fim de conversar com o cônsul brasileiro. Custava dezoito liras o bilhete de terceira classe entre as duas cidades. Horst conseguiu o dinheiro com o pessoal que o recebera na estação, mas teria ido andando se fosse preciso.

No trem que seguia para Nápoles, Horst ensaiava o português. Estava esperançoso com a mudança. Até então, não havia tratado com um brasileiro. Acreditava que tudo se resolveria quando estivesse de frente a um patrício. O trem seguia lento, Horst então se deu conta do quanto havia viajado de trem desde que sua vida tinha tomado aquele rumo. Ele achava tudo muito bonito na Itália e ficou boquiaberto quando viu o Vesúvio surgir pela janela, distante e imponente, além do mar azul. O trem chegou a Nápoles, ele saltou e deixou a estação, mergulhando no tumulto da Praça Garibaldi ainda destruída. Assustou-se com a agitação, o bonde passando aos solavancos, as pessoas pedalando apressadas em suas bicicletas, o barulho e o chão revolvido, as ruínas e o Sol a pino, o vulcão no horizonte e o mar azul, azul...

O cônsul brasileiro em Nápoles também não se convenceu.

Horst tomou o trem de volta para Aversa. Sobraram-lhe algumas liras. Decidiu escrever novamente para casa. Trazia consigo um postal ganhado em Bolonha. Escreveu:

"Meus queridos!

"De Bolonha eu cheguei em Aversa e quero enviar imediatamente um outro sinal de vida meu. Fui hoje para Nápoles e conversei com meu cônsul. Ele pouco acredita em mim, pois eu não tenho nenhum documento comigo. Por isso eu peço a vocês que tentem fazer chegar em minhas mãos o mais rápido possível ao menos meu passaporte e a certidão de nascimento. Talvez através do cônsul americano ou do cônsul suíço que devem ainda existir. Talvez até uma representação brasileira. Pois ele deve ligar imediatamente para o cônsul em Nápoles e confirmar que eu sou brasileiro. E encerro por hoje."

Horst foi então conhecer sua nova morada. Caminhou pelas ruelas de Aversa, algumas delas tão estreitas que era preciso passar em filas; as pedras machucavam-lhe os pés; já era noite, mas ainda havia sol. Margeou o centro pelo oeste e foi parar diante de um grande portal de ferro. Sobre ele lia-se a placa "Ospedale Psichiatrico S. Maria Maddalena". Depois do jardim, seguindo pelo caminho central, havia o grande e velho prédio, repleto de janelas esguias na fachada. Numa delas, depois de uma portinhola envidraçada, ficava o quarto onde ele dormiria. O sanatório em que Horst passaria os próximos dias estava vazio naquela noite.

Horst passou todo o mês de agosto no sanatório em Aversa. O ócio lhe incomodava. Foi algumas vezes a Nápoles, tentou conversar novamente com o cônsul, mas sem documentos de nada adiantou. Não recebeu notícias da Alemanha. Comprou um postal com uma imagem do Vesúvio. Escreveu novamente para casa no dia 21.

"As melhores saudações de Nápoles do seu filho, o viajante do mundo. Espero com saudades a primeira notícia de vocês! Se esta será uma boa ou má? Aqui está ótimo, apenas o dinheiro falta um pouco. Mas, mais do que isso, meus documentos! O pai fez aniversário ontem. Eu pensei muito nele. O que ele faz? Aqui não se conhece a chuva, o céu é eternamente azul. Aí, com vocês, está da mesma maneira?"

Passava muito tempo deitado. Às vezes na cama, às vezes no pátio do sanatório. Em outros momentos, caminhava pela cidade. Começou a juntar guimbas de cigarro, desfazê-las para aproveitar migalhas de tabaco e reuni-las em um novo papel. Com várias guimbas conseguia fazer um cigarro que vendia por qualquer quantidade de liras que conseguisse.

Quando se deitava no pátio do sanatório ficava impressionado com o azul do céu. Por vezes tinha vontade de tocá-lo. Raramente uma nuvem aparecia, e Horst se distraía vendo-a se arrastar pelo céu. Passava tão devagar que ele tinha a impressão de perder a tarde inteira e não vê-la se mover mais que alguns milímetros. O céu mudava tão lentamente quanto sua vida. Os dias passavam e ele andava um tanto quanto desinteressado de tudo. Quase não escreveu enquanto esteve em Aversa. Fazia quase um mês que não pegava no diário quando chegou uma carta urgente do cônsul em Nápoles.

A carta dizia para Horst ir imediatamente até o consulado com três fotografias, a fim de providenciarem o passaporte para que pudesse embarcar para o Brasil no navio que deixaria Nápoles no dia 25 de setembro. Horst correu. Na fotografia tirada na Praça Garibaldi, seu cabelo está partido de lado; o rosto, um pouco inclinado para a direita; é inevitável notar como ainda parece um garoto. E era realmente. O soldado brasileiro de Hitler, o ex-prisioneiro dos russos, o viajante do mundo era um garoto. Era um garoto de vinte anos que ainda pensava em sua coleção de selos e cujo maior sonho era voltar para casa. Para o Brasil.

No dia 25 de setembro de 1946, Horst Brenke subiu a bordo do *Almirante Jaceguay*, que deixou o porto de Nápoles rumo ao Brasil. O vapor partiu abarrotado de deslocados de guerra.

Horst chegou ao Rio de Janeiro no dia 17 de outubro de 1946.

Richard Brenke, Margarete e Maria do Carmo só chegaram em fevereiro de 1948. Maria do Carmo já não se lembrava do Brasil.

Horst foi encontrar seus pais no porto. Richard passou por ele e não reconheceu o filho. Horst era um homem muito diferente do garoto que havia saído para comprar pão e sido lançado na guerra.

Os Brenke voltaram para Belo Horizonte.

Horst se casou em 1954, com Ignez Brenck. Juntos tiveram sete filhos.

Maria do Carmo Brenke se casou e teve quatro filhos. Ela ainda mora em Belo Horizonte e continua sendo uma linda mulher.

Margarete Brenke morreu em 1957; Richard Brenke, em 1973.

Horst abriu uma loja de ferramentas e viveu em Belo Horizonte até morrer, em 25 de maio de 1984.

No dia em que a morte o encontrou pra valer, transvestida de um câncer, ele tinha 57 anos.

Não era primavera.

A INVESTIGAÇÃO

A HISTÓRIA DE HORST BRENKE foi a segunda melhor coisa que me ocorreu certa noite, numa pizzaria argentina em Belo Horizonte. Eu estava em uma espécie de primeiro encontro com uma loira de olhos verdes e lábios violeta. Sentada ao meu lado, detrás das lentes dos óculos de aviador, Bruna me contava sobre um diário que seu padrasto tinha herdado do pai, que fora soldado alemão na Segunda Guerra. Ela havia lido meu primeiro livro e gostado, assim disse; comentou que o tal diário também rendia uma boa história. Eu concordei. Mas concordaria com qualquer coisa que ela dissesse, a exemplo da pizza de abobrinha que pedimos naquela noite.

Eu quis ouvir mais sobre a história do diário. Ela explicou que sabia pouco. Já havia visto o diário, mas o sujeito, embora brasileiro, tinha escrito em alemão. Bruna contou que nem mesmo seu padrasto sabia muito, pois o pai havia sido um homem fechado, que não gostava de falar do passado. Concluí que o padrasto não falava alemão. Ela disse que eu estava enganado, pois ele falava, e bem, assim como outro irmão.

E o que ele leu no diário? Nada. Ninguém havia lido. Horst Brenke tinha morrido havia mais de trinta anos, mas nem mesmo seus filhos conheciam sua história. Eu intuí que tinha algo à minha frente além de uma bela mulher.

Bruna foi a melhor coisa daquela noite, e viria a ser a melhor dos dias que se seguiram. Ela se tornou minha namorada e logo tive a oportunidade de conhecer sua mãe, o padrasto e o diário de Horst Brenke. A primeira vez que o tive nas mãos foi decepcionante. Era um caderninho minúsculo, do tamanho de uma agenda de bolso, caindo aos pedaços com suas folhas amarronzadas e a costura capenga. Nem havia muitas páginas! Eu que pensara encontrar uma grande história, contada em detalhes, percebia que tinha nas mãos apenas algumas anotações.

Então abri o diário. Suas 76 páginas tinham cada milímetro preenchido por uma letrinha minúscula e encavalada, na frente e no verso das folhas, com datas saltando aos olhos, indo de 1945 a 1946. Tudo era marca do tempo; sujeira, tinta azul, páginas marrom-amareladas, porosas e corroídas; cheiravam a qualquer coisa que ainda não conheço ou sei nomear, tudo em alemão minúsculo. Cada milímetro abrigava uma frase, compondo um diariozinho gigante em alemão, sobrevivente da guerra, sujo de suor e de sangue e de poeira e de neve e de pólvora, um diário que não fora lido, uma história que ninguém sabia muito bem, um homem que ninguém conheceu muito bem, uma história que eu já queria colocar em livro antes mesmo de conhecer. E assim me decidi, naquela noite.

Horst manteve seu diário entre 4 de maio de 1945 e 21 de outubro de 1946. Escreveu pela primeira vez em Sagan, hoje Polônia, seis dias depois de ter sido feito prisioneiro pelos russos, durante a batalha no vilarejo alemão de Halbe. Começou a colocar sua história no papel pelo mesmo motivo que o fazem quase todos os soldados de guerra: o medo da morte. Contar a própria história é uma reação instintiva entre os que sentem a real e clara possibilidade de a vida se extinguir no campo de batalha. Ter a história registrada é talvez uma forma de continuar vivo quando não houver mais vida.

Horst escreveu a intervalos irregulares. Nos primeiros dias, diariamente; depois, de modo mais espaçado; algumas vezes, retomava por dias seguidos; noutros momentos, deixou intervalos de até duas semanas. Escreveu até o dia em que desembarcou no Brasil. No navio, voltando para casa, escreveu com mais calma e com detalhes impressionantes o relato do dia em que havia sido feito prisioneiro, em 28 de abril de 1945. Foi esse rico relato que me permitiu abrir o livro com a cena de sua prisão. O primeiro capítulo não é muito distante de uma transcrição, tal a qualidade com que Horst narrou tudo que se passou. Mais de uma vez, entre meus primeiros leitores, fui questionado sobre como era possível eu fazer um relato tão detalhado de algo que não presenciei. Não há segredos. Tudo se deve ao texto original, à narrativa feita por Horst. Meu trabalho foi jogar luz sobre os detalhes e sobre os vazios.

Uma vez com a tradução do diário de Horst Brenke nas mãos, não tive dúvidas de que tinha um livro pela frente. Assim como ocorrera com Bruna, minha paixão à primeira vista se tornou um relacionamento fértil. Passei todo o ano de 2015 lendo e pesquisando sobre a Segunda Guerra. Revirei o passado das famílias Brenke e Birkenfeld, caçando documentos em posse da família, mas principalmente em cartórios, arquivos, igrejas, cemitérios e afins. Toda a história dos Birkenfeld-Brenke, da vinda deles para o Brasil e da vida pregressa na Alemanha, era nebulosa. Cada descoberta ou nova conexão eram uma vitória.

Ao mesmo tempo, fui em busca de lembranças daqueles que conheceram Horst. Conversei com seus amigos, seus filhos e com Dona Ignez Brenck, viúva de Horst e que foi, desde o início, de grande ajuda para este livro. Antes de conhecê-la, em algum momento dos primeiros meses de Brasil, Horst começou a passar o diário a limpo, acrescentando umas poucas coisas. Nunca terminou. Foi com a transcrição até fevereiro de 1946, guardou o diário na gaveta e nunca mais mexeu. Horst costumava contar histórias da guerra a Ignez quando namoravam. Talvez tentasse impressioná-la. Acho que conseguiu. Casaram-se e ele não falou mais do assunto.

Encontrei duas pessoas que o conheciam havia mais tempo. Flávio Vieira, amigo de infância, de quando Horst chegara a Belo Horizonte antes de ir para a Alemanha e acabar na guerra; e Maria do Carmo Brenke, irmã do nosso protagonista. Devo muito à Tia Maria do Carmo. Essa linda senhora me recebeu dezenas de vezes em sua casa. Passamos horas conversando sobre o passado, suas memórias, sua família, sobre coisas que ela sequer sabia que ainda se lembrava. O tempo com Maria do Carmo foi uma escola sobre a memória, sobre o modo como guardamos nossas lembranças e sobre o que fazemos e esperamos dela ao fim da vida. Maria do Carmo sempre me perguntava quando o livro ficaria pronto. Tinha medo de ela não estar viva para vê-lo. Isso me partia o coração.

Algumas vezes, recebi ligações aflitas de Maria do Carmo. "Lembrei de algo muito importante. Venha à minha casa o mais rápido possível." Eu ia de imediato. Às vezes, ela realmente havia se lembrado de algo que não me contara. Outras vezes, a lembrança era de algo que já havíamos conversado. No entanto, eu não lhe dizia nada, pois o relato era então muito mais rico, preciso e profundo. Outros dias, quando parecíamos esgotados da tarefa de revolver o passado, dávamos a entrevista por encerrada e passávamos a jogar conversa fora. Na hora de nos despedirmos, como se contasse algo sem importância, ela recordava algo extraordinário, algo que, de tão antigo e ordinário, não lhe parecia ser de meu interesse. A história de Maria do Carmo se mostrou tão poderosa que ela se tornou uma personagem importante neste livro. Enquanto Horst e seu pai estavam na guerra, a então garota Nenê estava sozinha em casa com sua mãe, numa Berlim destruída e atônita. O que as duas viveram merecia atenção. Espero ter tido o cuidado devido.

Investiguei a distância o máximo que pude, mas, no início de 2016, já havia esgotado minhas possibilidades. Havia recebido documentos de diversos arquivos alemães e russos; feito contato com historiadores brasileiros e dos dois países europeus; conversado com diferentes fontes de informação. Já estava, então, de viagem marcada. Iria para a Alemanha no fim de abril; passaria alguns dias pesquisando em Berlim, tentando iluminar os buracos que ainda restavam na história, caçando documentos e informações complementares. Depois partiria para a Rússia, refazendo a jornada – percorrendo o mesmo trajeto – que Horst Brenke fizera, 71 anos antes. Tomaria a licença de percorrer de trem o trecho que ele percorreu a pé; no mais, faria exatamente a marcha de Horst rumo ao campo de prisioneiros de guerra na Rússia. Ficaria alguns dias em Vladimir, pesquisando, depois cairia na estrada (ou nos trilhos) novamente, seguindo o caminho de Horst até a Itália, ponto final de sua jornada. Me sentiria também um viajante do mundo.

HALBE, ALEMANHA. 29 DE ABRIL DE 2016.

CHEGUEI A Halbe com um dia de atraso. Saltei do trem na estaçãozinha vazia, a plataforma ao relento, pouco depois da hora do almoço. Estava frio apesar do sol, e quando o trem se foi mergulhei no silêncio do campo. Era 29 de abril, vi no relógio da Igreja. Só então me toquei. Se tivesse chegado um dia antes, estaria em Halbe exatamente no dia – 71 anos depois – em que Horst foi capturado pelos russos. Era início da tarde do dia 29 e, àquela hora, ele já havia partido. Perdi o simbolismo.

Halbe hoje é muito pouco diferente do que Horst conheceu. O vilarejo na região do Mark tem pouco mais de dois mil habitantes – cinco vezes mais que nos tempos da guerra –, fica a cerca de setenta quilômetros de Berlim e não há nenhum outro motivo para conhecê-lo senão pela batalha travada ali nos dias 28 e 29 de abril de 1945. Conhecido como Caldeirão de Halbe, Bolsão de Halbe ou Cerco de Halbe, o combate foi o último de maior dimensão antes de os russos tomarem Berlim.

Foi um combate de retaguarda. O exército russo já havia entrado em Berlim e estava perto de dominar a cidade. Um grande grupo de soldados alemães, ultrapassado durante o avanço do Oder, caminhava rumo ao oeste com o intuito de se juntar ao 12º Exército alemão, podendo compor um grupo maior para socorrer a capital. A Primeira Frente Ucraniana fechou o cerco ao grupo em Halbe, numa batalha que deixou quarenta mil mortos, entre soldados e civis, e fez milhares de prisioneiros.

Eu já estava na Alemanha havia quatro dias. A primeira coisa que fiz ao chegar a Berlim foi visitar uma agência chamada WASt. A WASt, ou Deutsche Dienststelle, é um escritório especializado no rastreio de soldados alemães da Segunda Guerra – ou de seus registros. Eu tinha um buraco para cobrir na minha história e guardava esperanças de que eles pudessem me ajudar. De fato, se alguém poderia me ajudar nisso, seriam eles. Eu precisava saber quem havia sido o soldado Horst Brenke.

Como Horst só iniciou seu diário no momento da prisão, ele não escreveu sobre os quase quatro meses como soldado na guerra, entre janeiro e abril de 1945. Eu sabia apenas algumas poucas coisas. Tinha documentos que me permitiam entender como ele havia ido parar no front; conseguira recolher histórias com pessoas que o conheceram; além disso, entendia o enredo em que ele estava inserido, a partir da pesquisa sobre a etapa final da guerra.

Mas eu queria os documentos. Queria provas. Buscava algum papel com o número de categoria de Horst, o batalhão em que esteve lotado, a função que cumpriu, os deslocamentos feitos, o nome do chefe, o número de sua bota, o tamanho de seu capacete, as letras gravadas em seu *Erkennungsmarken*, a pequena chapa oval que os soldados alemães carregavam ao pescoço para serem identificados.

Eu já havia acionado o WASt pela internet; tinha explicado o caso e solicitado uma busca pelos dados de Horst e de seu pai. Algumas semanas depois recebi uma carta deles, em que lamentavam não ter encontrado registro dos Brenke. Acostumado ao Brasil, onde toda ajuda requer insistência, convencimento ou gorjeta, fui visitá-los em Reinickendorf, um distrito afastado, para os lados do aeroporto Tegel. Num conjunto de prédios de tijolos vermelhos encontrei o escritório; perdi algum tempo até entender que os porteiros não falavam uma palavra em inglês. Eles mesmos desistiram da conversação, me mandaram entrar e aguardar. Pouco depois apareceu um funcionário que, em um inglês tropeçante, me convidou para sua sala, onde expliquei o motivo de minha visita.

O sujeito fez cara de desânimo e adiantou algo que eu já sabia: na altura em que Horst foi enviado para a guerra, começo de 1945, a Alemanha já vivia o caos. Nada era feito com o devido protocolo ou deixava registros. O desespero já havia tomado conta das pessoas, das autoridades e das instituições – entre elas, o Exército. Assim, qualquer homem, criança ou velho podia ser enviado para a guerra sem deixar documentação.

Ele tomou os dados e os jogou no computador. O sistema logo encontrou algo. Ele se surpreendeu. Me olhou animado. Correu para anotar um número no papel e seguiu a pista que o banco de dados havia indicado. Mal tinha dado tempo de criar alguma esperança e ele constatou que a única coisa que havia encontrado era o registro da minha solicitação, feita pela internet alguns meses antes. Pelo semblante, não pareceu muito satisfeito comigo.

Saí de lá desanimado e corri para o Treptower Park, no outro lado da cidade, onde precisava resolver algo pendente no Brasil.

Meses antes, enquanto traçava a rota feita por Horst a fim de refazê-la, me deparei com a necessidade do visto para entrar na Bielorrússia. Liguei para a embaixada em Brasília e bati um longo papo com o cônsul. Gentil, ele me informou o que era preciso fazer. Sem me dar conta, conversei demais. Falei sobre o livro, contei que era um jornalista e que passaria por Gomel. O que parecia fácil se complicou. Como jornalista, eu precisaria solicitar permissão de entrada junto ao Ministério da Comunicação na Bielorrússia. Deveria fazer isso via internet, explicando tudo sobre mim, sobre minha viagem e meu trabalho no país, juntamente com uma série de documentos, como carta da empresa de mídia em que trabalhava, passagens de entrada e saída do país, reserva de hotel e outras coisas. Feito isso, eu deveria aguardar cerca de um mês ou mais pela resposta; se positiva, só então se iniciaria o processo para o pedido do visto. Um visto para jornalista. Algo que, o cônsul comemorou, eles haviam concedido pela primeira vez fazia poucas semanas, a uma equipe de reportagem da TV Globo. "Se eles tiveram êxito, é possível que você também tenha."

Como Horst, na segunda vez em que foi convocado para um transporte internacional, eu tinha conversado demais. Minha ida à Bielorrússia não se tratava de uma investigação sobre o país. Acabei criando um problema. Além de todo o trabalho para solicitar visto de jornalista, talvez não houvesse tempo hábil – e talvez, claro, não fosse autorizado.

No metrô de volta de Reinickendorf eu pensava nisso. Tentava imaginar que situação encontraria dali a alguns minutos, quando batesse na porta do consulado bielorrusso em Berlim para tentar um visto de turista. Eu tinha pouco conhecimento sobre a Bielorrússia. Sabia que era um país muito fechado, com forte lastro soviético e muitas vezes acusado de viver em um regime ditatorial. Fora isso, sabia o que todos sabem: Minsk é a capital; Azarenka, boa tenista; a jornalista Svetlana Aleksiévitch, Nobel de Literatura. Coincidentemente, Svetlana teria seu primeiro livro publicado no Brasil naquela semana. Eu havia lido alguns trechos, precisamente o que se referia a Gomel. A cidade por que Horst passou e que eu desejava visitar foi uma das mais afetadas pelo desastre de Chernobyl, que completava trinta anos em 2016.

Cheguei ao consulado passados alguns minutos do meio-dia e dei com a porta na cara. Já estava fechado.

Assim que deixei a estação em Halbe, trombei com uma grande placa na calçada. Informava sobre a exposição e o memorial construídos no ano anterior, quando a batalha completara setenta anos. A cidade começa na beira da ferrovia, no entorno da estação, onde ocorreram os primeiros tiros na tarde do dia 28. A rua principal bifurca numa praça sem graça, cujo centro hoje são um grande supermercado e um posto de gasolina. A Kirchstraße é a rua que segue rumo ao sul, quase acompanhando os trilhos, enquanto a Lindenstraße corta a cidade para o oeste, tornando-se pouco depois a estrada para Teupitz. Os soldados alemães que chegaram a Halbe encontraram três bloqueios, um em cada ponto dos caminhos citados. Eu só encontrei casas bem cuidadas, com jardim na frente e carro na garagem; pequenos prédios com comércio; alguns carros passavam em direção a Teupitz, e eu seguia as placas.

Custou para aparecer alguém. Pedi informações, mas o homem não falava inglês. Interpelei outros dois – a atendente da doceria e um idoso que limpava o jardim. Nada. Quando já me aproximava do cemitério apostei num casal jovem. Eles sabiam algumas palavras. Me despacharam para o cemitério, sugerindo que tudo que eu precisasse seria encontrado nas placas, que estavam em alemão e em inglês.

O idioma seria um problema constante nos dez dias que passei na Alemanha. Depois do fracasso no consulado bielorrusso, fui confirmar o compromisso do dia seguinte. Enviei um e-mail para Peter Steger, em Erlangen. Sempre ágil, ele logo me respondeu com as coordenadas. Eu teria toda a tarde para conversar com Alfons Rujner, um alemão de quase noventa anos, soldado da Wehrmacht na Segunda Guerra e prisioneiro dos russos em Vladimir entre 1945 e 1949. Eu só precisava conseguir um intérprete, pois, como seria com todos os veteranos que eu tinha intenção de encontrar, o alemão seria o único idioma utilizado.

Consegui o intérprete e às duas e quinze da tarde do dia seguinte estávamos os três sentados no Plötners Café, um lugar no leste de Berlim famoso por seu *cheesecake*. Cheguei com quinze minutos de atraso, vindo do outro lado da cidade – tinha ido entrevistar a professora Ute Schmidt na Universidade Livre de Berlim – e mal respirava de preocupação pela falta de pontualidade. Uma chance daquela e eu me atrasava. Deixava um alemão de noventa anos esperando por quinze minutos mesmo tendo ouvido tantas vezes falar sobre a pontualidade e rigidez dos alemães. Já cheguei me desculpando, tão preocupado, que demorei a perceber a cara boa de Alfons tentando me fazer entender que não havia problema, enquanto me oferecia café.

Conversamos por quase quatro horas. Nesse meio tempo, comemos torta, tomamos café, o Plötners fechou, passamos ao bar do lado e seguimos batendo papo e tomando cerveja. Alfons me presenteou com o livro que escreveu sobre o tempo como prisioneiro na Rússia. Além disso, me encheu de informações e detalhes valiosos. A todo momento ele se mostrava surpreso com minhas perguntas, pois muitas vezes se referiam a detalhes íntimos. "Ninguém nunca me perguntou isso, Taksis", me dizia, antes de rir e começar a explicar o modo como era despiolhado ou usava o banheiro. Foi uma ótima entrevista. Voltei para casa com o ânimo em alta.

Alfons não esteve em Halbe. Foi capturado antes disso, mais a oeste. Mas fez um caminho até a Rússia muito parecido com o de Horst (a quem nunca viu – se viu, não se lembra) e de boa parte dos homens pegos em Halbe em abril de 1945.

Andei por todo o vilarejo, um lugar pacato, onde a vida parece suspensa. Uma vidinha boba. Um paradeiro que torna quase impossível imaginar que um dia o furacão da guerra passou por ali, indo embora com os russos e sua imensa coluna de prisioneiros, mas deixando para trás, nas ruas e por entre as árvores da floresta, um tapete de corpos, de soldados alemães, soldados russos, civis, cavalos, carcaças de veículos queimados, tanques e carroças, blindados empilhados como sacos de cimento, uma quantidade imensa de escombros, sujeira, lixo e morte para marcar o resto da vida de quem visse aquilo. Numa das fotos da exposição, foi possível ver uma mulher andando por entre o rescaldo; ela procurava qualquer coisa útil que pudesse haver entre os mortos e o lixo.

Konev conta em suas memórias que, em 1962, regressou a Halbe: "Nas aldeias da região ainda se podia ver restos da carnificina. Na floresta viam-se espalhados capacetes enferrujados e restos de armas; a água de um dos lagos, que ficara cheia de cadáveres, ainda não podia ser usada". Quase trinta mil homens estão enterrados no cemitério de Halbe e todo ano novos corpos ainda são descobertos na floresta. São vidas desperdiçadas, pois só o fanatismo nazista não conseguia ver que a guerra já havia acabado e que os alemães estavam derrotados àquela altura.

Voltei de Halbe no início da noite. Quando cheguei ao meu apartamento em Prenzlauer Berg, onde me hospedara, ainda não havia escurecido. Escolhi o bairro por um motivo óbvio: foi onde os Brenke viveram. O apartamento no número 11 da Gubitzstraße estava a vinte minutos de caminhada e havia sido palco de um fracasso no dia anterior à visita a Halbe.

Com uma amiga alemã como intérprete, fui visitar o lugar onde Horst morou. O bairro é bem diferente daquele da década de 1940. Hoje, Prenzlauer Berg é ocupado por imigrantes de boa condição financeira. Especialmente na altura da Prenzlauer Allee, mais perto da Alexanderplatz, a vizinhança era bonita, com muitos bares e restaurantes. A Gubitzstraße começa na Wicherstraße, um lado menos movimentado e bem menos refinado do bairro. O conjunto de prédios do qual o apartamento dos Brenke faz parte fica logo no começo e tem as paredes pintadas de amarelo, as janelas pequenas e muitas árvores na frente.

Tocamos o interfone e um dos moradores do primeiro andar chegou à janela. A intérprete desculpou-se pelo incômodo e explicou a nossa visita. O sujeito, um homem com pouco mais de trinta anos, ouviu até o final, disse algo muito curto e voltou para dentro. Imaginei que viria abrir a porta. A intérprete explicou que ele dissera estar ocupado no momento.

Tentamos o outro apartamento do primeiro andar e a negativa foi parecida. Minha amiga olhou para mim com cara de "eu avisei". Fomos embora. Ela, aliviada por ter cumprido uma tarefa que considerara árdua; eu, indignado por não ter tido sucesso em algo que me parecia simples, apesar dos avisos dos amigos brasileiros metidos a conhecedores da cultura alemã.

Depois da visita a Halbe, eu ainda tinha alguns dias na Alemanha pela frente. Continuava gastando um bom tempo pesquisando em arquivos e buscando documentos e certidões nos quatro cantos de Berlim. Numa segunda-feira, peguei um trem até Erlangen, cidade quatrocentos quilômetros ao norte de Berlim, na Baviera, já mais próxima de Munique que da capital. Fui me encontrar com Peter Steger, que me apresentaria a mais um veterano, ex-prisioneiro em Vladimir.

Peter já me esperava na estação, com sua bicicleta. É um homem magro e alto, tem os cabelos grisalhos alvoroçados e uma gentileza pouco expressiva, como se dosasse seu sorriso aberto e revelador. Peter trabalha na prefeitura de Erlangen, que é uma cidade irmã de Vladimir. Desde a década de 1990 ele é o responsável pela parceria entre as cidades, o que significa gerir um sem-número de eventos, trocas e intercâmbios culturais e comerciais. Tanto tempo dedicado a Vladimir deu a Peter uma esposa russa, natural da cidade que um dia recebeu tantos prisioneiros alemães. Peter é uma das pessoas com mais conhecimento sobre a história dos prisioneiros alemães em Vladimir; é autor de um livro elaborado a partir de entrevistas com quatorze alemães ex-prisioneiros em Vladimir. O título, *Komm wieder, aber ohne Waffen!* [Volte, mas sem armas!], saiu da conversa com Alfons Rujner, mas muita coisa interessante vinha do papo com Wolfgang Morel, a quem visitaríamos naquele fim de tarde, depois de Peter deixar sua bicicleta na estação e cruzarmos a pé a simpática cidade.

Wolfgang Morel foi um dos stalingrados. Quando caiu nas mãos dos russos, foi logo mandado para Vladimir, onde passou muito tempo no hospital se recuperando de problemas de saúde. Além de Vladimir, rodou outros campos antes de voltar para casa, o que só ocorreu em 1949. Passamos algumas horas no apartamento de Morel. Observador, ele me falou muito sobre os diferentes perfis dos prisioneiros, e o modo como a guerra e o cárcere iam afetando aqueles homens. Foi uma boa conversa.

Viajei a noite toda de ônibus e cheguei em Berlim na manhã seguinte. Só passei em casa para tomar banho e segui para o consulado bielorrusso. A questão do visto estava me deixando aflito. Não me parecia apenas capricho o desejo de cumprir exatamente o mesmo percurso que Horst. Perder não só uma cidade, mas todo um país, me parecia uma grande lástima.

Peguei a fila na calçada em frente ao sobrado onde funcionava o consulado e não ousei pedir informações para o segurança mal-encarado que controlava o portão. Ele me lembrava Ivan Drago, o adversário russo de Rocky Balboa, só que mais feio e intimidador. Na minha vez, tentei explicar o que me trazia até ali e ele logo me cortou.

– Visa?

– Sim, eu preciso de um visto para visitar a Bielorrússia.

Ele tomou meu passaporte, deu uma olhada, me mandou desligar o celular e entrar.

Eu havia me informado sobre os documentos necessários, mas não possuía todos. Não encontrei modo de comprar previamente as passagens; meu seguro de viagem não era exatamente como pediam e, para piorar, estava em português; eu até havia preenchido a ficha de pedido, mas com sérias dúvidas sobre a coerência de algumas informações – e nem me refiro ao campo em que informei minha profissão: "músico".

Fui chamado ao guichê e a mulher que me atendeu não falava inglês. Ela se levantou aborrecida e foi chamar alguém. Veio um rapaz magro e jovem. Ele se sentou e começou a olhar meus papéis e meu passaporte. Eu tentava conseguir um visto de trânsito, o que me permitiria ficar até 48 horas na Bielorrússia. Apesar de pouco, estava dentro do meu cronograma. O consulado pedia cinco dias para a emissão do visto e cobrava um valor de vinte euros. Para pedidos urgentes, em que o prazo caía para dois dias, a taxa dobrava. Era o que eu planejava, pois partiria de Berlim em menos de 48 horas.

Antecipei-me e expliquei que não conseguira comprar as passagens. Pretendia fazer minha viagem de trem, e não havia modo de comprar o bilhete de ida, da Ucrânia para Gomel, pela internet. Poderia até ter comprado o de Gomel para Moscou, mas como ainda não havia conseguido o visto preferira não me arriscar. Mostrei a ele o roteiro da minha viagem, um passeio turístico pelo leste europeu. Ele quis ficar com o papel. Me explicou que não poderia receber a documentação com tanta coisa faltando. Iria conversar com o chefe e voltaria logo.

Passou meia hora até que ele reaparecesse. Não poderia aceitar meus papéis, mas disse que, se eu conseguisse comprar a passagem entre Gomel e Moscou, poderia voltar até o meio-dia que ele me atenderia novamente. Me passou o e-mail a que eu poderia enviar a confirmação para ganhar tempo. Corri para o McDonald's mais próximo para usar o wi-fi, comprei a passagem e voltei imediatamente ao consulado. O segurança parecia não ter sido avisado de que eu voltaria. Olhou desconfiado para mim e não quis me deixar entrar. Eu mostrei o passaporte e ele abriu a porta como quem diz "vai então".

Agora meus papéis estavam completos, mas tudo quase foi por água abaixo: o pagamento não podia ser feito em dinheiro nem com cartão de crédito, apenas com um tipo de cartão alemão que eu não fazia ideia de o que era. Desanimei. O atendente tentou me acalmar; disse que poderia pedir a uma colega para passar o cartão para mim, e eu faria o pagamento para ela. Conversou com a colega, mas voltou com a conclusão de que não poderiam fazer aquele procedimento. Pareceria estranho um funcionário do consulado recebendo dinheiro, me explicou. As câmeras mostrariam. Ele me sugeriu voltar no dia seguinte bem cedo. Certamente já teria uma fila para o atendimento, e eu poderia tentar convencer alguém a fazer o pagamento por mim. Mas não haveria tempo para isso. Foi quando surgiu uma pessoa, a última do dia, pois o protótipo de Ivan Drago já colocava a placa de "atendimento encerrado" na porta. O atendente me indicou o recém-chegado. Era a minha chance.

Era um alemão de uns cinquenta anos. Estava sendo atendido pela mulher que não falava inglês e pareceu confuso com seus papéis quando o interpelei. "Excuse me, sir..." Ele ouviu minha explicação e me despachou. Disse que tinha coisas para resolver ali e estava ocupado. Eu desisti de vez.

Expliquei ao atendente que eu estava jogando a toalha. Não havia jeito. Ele lembrou que meus papéis estavam ok. Perguntou se eu já não queria deixá-los ali – o processo se iniciaria, e eu providenciaria o tal cartão até o dia seguinte ou convenceria alguém da fila a fazer o pagamento por mim. Eu não estava com o espírito bom. Não via possibilidade nem tinha ânimo para fazer um raio-de-cartão-alemão-que--eu-nem-sabia-dizer-o-nome e imaginava a mesma falta de simpatia do sujeito ao meu lado nas pessoas da fila no dia seguinte. Seria a mesma frieza daquele homem vermelho no guichê ao lado, que era a mesma má vontade dos moradores do prédio na Gubitzstraße e que naquela altura me parecia a mesma cretinice de todos os alemães da Terra. Eu estava realmente frustrado. Já demonstrava certo descaso ao agradecer a boa vontade do atendente bielorrusso, que me devolvia os papéis, quando o alemão terminou seu atendimento e se voltou para mim.

– Pronto. Agora vamos ver como eu posso te ajudar.

Ele me salvou. Fez o pagamento, pediu desculpas por não ter troco, depois me perguntou de onde eu era. Contou que tinha voltado havia pouco do Brasil. Passara o Carnaval no Rio de Janeiro. Amara o Brasil. Disse-me que viveu ótimos dias em meu país e elogiou meu povo, enquanto fazia uma dança para mostrar o que aprendera, suas mãos se movendo *à la* Carmen Miranda.

No dia seguinte meu visto para a Bielorrússia estava pronto e em minhas mãos.

SAGAN, POLÔNIA. 4 DE MAIO DE 2016.

DEIXEI BERLIM rumo à Polônia no início da tarde de uma quarta-feira. O trem cruzou Halbe sem lhe dar atenção e seguiu na companhia dos pinheiros até Cottbus. Fazíamos quase o mesmo caminho que Horst fizera, pois o traçado da ferrovia é parecido ao da Berlim-Breslau. Tudo era plano, e o dia, feio. Em Cottbus, quando os pinheiros deram folga, fiz uma baldeação e segui para Forst, na fronteira com a Polônia, onde mudei novamente de trem e fui enfim para Sagan. Dentro do grande e confortável trem da Deutsche Bahn, eu observava as pessoas e me lembrava do dia anterior, quando finalmente conseguira entrar no prédio dos Brenke na Gubitzstraße.

O morador que saíra à janela na primeira visita continuava ocupado. O vizinho também, mas permitiu que eu entrasse no prédio para dar uma olhada. Me vi num pequeno vestíbulo, defronte aos dois apartamentos. Uma escada à esquerda levava ao piso superior; outra, à direita, acabava numa porta amarela poucos degraus abaixo. Tentei abri-la, mas estava trancada. Sentamos na escadinha e comecei a ditar à intérprete uma carta aos moradores, a qual eu pretendia passar por baixo das portas. Ouvimos alguém descer as escadas; era um casal, que se assustou quando nos viu. Nos levantamos e a intérprete foi se explicando. "Pergunte a ela se essa porta trancada leva ao bunker", interrompi. Ela perguntou. A moradora disse que não. Era apenas a casa de máquinas. "Mas onde fica o bunker?" Não havia bunker nenhum, ela garantiu. Perguntou se queríamos dar uma olhada. Entrei mal ela terminara de virar a chave.

Definitivamente não era só uma casa de máquinas. Era uma passagem subterrânea que conectava todos os prédios da quadra. Caminhei pelo corredor, que era cortado por outros, e que sempre dava em novas portas amarelas. Havia escritos nas paredes, mas nada do tempo da guerra. O túnel não chegava mais aos outros prédios, pois as portas impediam. "Se houve um bunker aqui, ele já foi fechado há muito tempo", explicou a moradora, uma mulher na casa dos quarenta, já impaciente com minha bisbilhotice. Eu seguia andando, atentando para os detalhes, as paredes de tijolos nus, o encanamento e a fiação. Dobrei numa passagem e caímos numa portinha para os fundos do prédio. A cicerone abriu e saímos. Ela logo fechou e deu por encerrada a nossa visita.

Pouca gente desembarcou na estação cinza e vazia de Sagan, que cruzei já no fim da tarde. Saí numa rua deserta, na qual a única alma viva era o taxista sentado ao volante de seu carro na calçada oposta. Ele não falava inglês. Entrei, disse o nome do meu hotel e fui observando a cidade.

Eu estava a menos de cinquenta quilômetros da fronteira, mas era evidente que estávamos agora em outro país. No carro, ia acompanhando o silêncio e as casas nas cores daquele dia nublado, com exceção do belo castelo, logo após o Rio Bóbr. Sagan é pequena e algo bucólica. No caminho até o hotel, vi apenas três dos quase trinta mil moradores que as estatísticas dizem haver na cidade; poucos carros passaram por mim. Ao me registrar, expliquei que desejava ir ao Stalag Luft III, mas a recepcionista disse que ficava um pouco longe e já estava fechado àquela hora. Fui então andar pela cidade.

Meu hotel ficava na periferia. Era uma rua com sobrados sisudos e nenhum movimento. Fui caminhando e logo o asfalto deu lugar a pedras portuguesas. Os sobrados ganharam cor pelo centro da cidade. Havia muitos carros estacionados na praça principal, por onde cheguei após seguir por ruas apinhadas de pequenas lojas e restaurantes. Tudo estava fechado, no entanto. Vi cinco bípedes, um urso e uma placa em homenagem a Johannes Kepler, que morou por alguns anos na cidade. Os bípedes eram jovens em idade escolar, e o urso carregava uma grande bomba. Era uma das peças de metal da praça, que tinha ainda uma moto típica dos anos de guerra.

Sagan tornou-se território alemão em 1939, quando Hitler invadiu a Polônia. No final daquele ano, foi criado o Stalag VIII-C, um dos maiores campos para prisioneiros do Terceiro Reich, cujo primeiro grupo a chegar era composto de soldados poloneses participantes na defensiva contra a invasão alemã. Depois deles, milhares de prisioneiros de dezenas de nacionalidades passaram por lá. Na primavera de 1942, mais um campo foi criado ao lado do primeiro. O Stalag Luft III, comandado pela Luftwaffe e destinado apenas a oficiais, era considerado um campo impossível de se escapar. Ironicamente, acabou famoso devido a uma fuga cinematográfica.

Em março de 1944, 76 prisioneiros fugiram depois de terem construído não um, mas três túneis; o principal deles chamava-se "Harry" e media 110 metros de comprimento, cavado a 9 metros de profundidade. O estratagema só não foi mais bem-sucedido por conta de um erro de cálculo. Faltaram a Harry alguns metros para desembocar já dentro da floresta. Além disso, uma queda de energia na noite da fuga atrapalhou os planos, que previam a saída de duzentos prisioneiros. A história ficou famosa na década de 1960 com o filme *The Great Escape*, de John Sturges e com Steve McQueen no papel principal, baseado em livro homônimo de Paul Brickhill. Dos 76 que fugiram pelo túnel naquela noite, 73 foram recapturados, 50 foram mortos pela Gestapo, 23 reconduzidos ao campo, e apenas 3 voltaram para casa.

Estima-se que trezentos mil prisioneiros passaram pelos dois campos entre 1939 e 1945. Quando os russos chegaram, na terceira semana de fevereiro de 1945, o campo já havia sido evacuado.

Passei todo o dia seguinte no museu, o tempo todo na companhia de um jovem espevitado chamado Mirek. Miroslav trabalha no museu há cinco anos e é um aficionado por histórias de guerra. A tarde já ia pela metade quando me pus a caminhar pelo campo, ou pelo que sobrou dele. Andando pela floresta, ainda se vê muitos objetos e roupas parcialmente enterrados entre a vegetação. Pouco mais de um quilômetro adiante cheguei ao local onde o túnel foi cavado e pude perceber o quão perto os prisioneiros estiveram de desembocar na floresta.

Voltei andando do museu e vi o trecho da cidade que fica do lado de cá do rio. É uma região mais pobre, aparentemente, onde em nenhuma venda encontrei alguém que falasse inglês. Chegando ao centro, passei novamente pelo Castelo de Sagan, reformado na década de 1980 e cujo jardim era de um verde-claro estonteante. O castelo foi saqueado e danificado pelos russos nos meses seguintes à chegada soviética, em 1945. Horst não chegou até a cidade para ver isso.

O centro da cidade estava tão vazio quanto no dia anterior. Estaria vazio à noite também. E da mesma forma no dia seguinte, quando pelejei para encontrar um táxi que me levasse à estação ferroviária.

Parti bem cedo de Sagan, num trem da Intercity que passaria por Breslávia. Eu viajava em companhia de Ryszard Kapuscinski. Desde o avião que me levou até Berlim eu vinha lendo o mestre, o exemplar de *Minhas viagens com Heródoto* embaixo do braço. Nesse livro, Kapuscinski relembra seus primeiros dias como repórter. Quando jovem, sonhava atravessar a fronteira de uma Polônia soviética. Acabou rodando o mundo para contá-lo de forma única. Eu viajo enquanto o leio, e ele revela que lia Heródoto e seu clássico *História* durante suas viagens. De certo modo, então, cruzo a Polônia com os dois comigo no vagão.

Cheguei a Opole ainda pela manhã. Deixei minhas coisas no hotel e corri ao local do campo em que Horst esteve. Opole é diferente de Sagan. É bem maior, mas tem ruas estreitas, prédios muito antigos, calçamento de pedra e muita gente nas ruas. Fui caminhando pelo centro histórico, atravessando vielas, depois ruas maiores, cruzei o rio e logo cheguei a uma região mais erma. O campo por onde Horst passou é hoje um terreno baldio, numa rua de asfalto defeituoso em que o mato cresce verde e áspero.

Há pouquíssimos registros dessa fase do pós-guerra. Em Opole foram criados, nesse período, quatro pequenos campos temporários; o maior deles, onde hoje está o terreno baldio, destinado aos prisioneiros que seguiam para a Rússia.

Opole é uma cidade às margens do Rio Oder e de história germânica desde sempre. Comerciantes alemães se estabeleceram na região ainda no século XIII. Após a Primeira Guerra, houve um plebiscito para consultar a população; mais de 90% decidiu que Opole deveria fazer parte da República de Weimar, em vez de integrar a Polônia. A cidade é tão conhecida pelo nome alemão Oppeln quanto pelo nome eslavo Opule. Só depois da derrota alemã na Segunda

Guerra, após a Conferência de Potsdam, foi que Opole retornou à Polônia e ao nome de origem.

De Opole segui para Lublin, ainda na Polônia. À medida que caminhava para o leste, percebia, pelas janelas do vagão, a paisagem mudando. Antes de Lublin o trem começou a fazer curvas, e a paisagem de pinheiros cedeu definitivamente, substituída por campos ondulados e ensolarados. Eu seguia na companhia de Kapuscinski, e lê-lo só fazia aumentar uma de minhas aflições.

A primeira viagem de Kapuscinski foi para a Índia. Viu-se num país gigantesco, de cultura totalmente diferente da dele, onde não falava o idioma, não conhecia ninguém e onde não demorou a se angustiar com a impossibilidade de captar tudo que via e vivia para relatar. Eu estava apenas na Polônia, ainda no Ocidente, e mesmo assim cruzava o país com um sentimento semelhante.

Lublin, aonde cheguei no meio da tarde, foi um lugar por onde Horst apenas passou. É uma cidade relativamente grande, uma cidade universitária. Sua fundação data da Idade Média, e desde o século XVI uma grande comunidade judaica se estabeleceu lá. Andei pelo centro, visitei os castelos e o bairro onde funcionou um grande gueto judeu durante a guerra. Lublin serviu como quartel para a Operação Reinhardt, o diabólico plano nazista para eliminar judeus na Polônia. Mais de 25 mil judeus foram confinados no gueto de Lublin antes de serem enviados para campos de extermínio como Majdanek, a quatro quilômetros da cidade, ou Auschwitz. A maior parte dos judeus que estiveram no gueto de Lublin foi morta nos anos finais da guerra.

Horst não viu nada disso. Esteve apenas na estação, aguardando que o trem seguisse para o leste.

LUBLIN, POLÔNIA. 8 DE MAIO DE 2016.

DEIXEI LUBLIN e a Polônia na noite de domingo. O trem ucraniano rumo a Kovel seria meu primeiro transporte noturno, a primeira viagem com cama em vez de poltrona. Na hora do embarque, tive de entregar o bilhete a um funcionário; ele o olhou, pediu meu passaporte e comentou: "Brasília". Guardou meu bilhete e me indicou o caminho. Achei estranho, confirmei se o papel deveria ficar com ele. Por sinais, entendi que sim. Embarquei.

A cabine era um pequeno biombo com três camas suspensas em uma das paredes. A minha era a do meio, separando o casal de poloneses que, tendo entrado antes, ocupavam todo o espaço, preparando a cama. Joguei minha mochila no maleiro do alto, tirei as botas e saltei na cama. Ainda faltavam alguns minutos para as 22h13, horário de partida do trem, e o corredor à minha frente estava movimentado. Eu poderia dormir por algumas horas, afinal, a viagem seria demorada. Havia dias eu tentava entender por que uma viagem de pouco mais de 150 quilômetros demorava tanto. Só chegaria em Kovel às 4h15, seis horas depois.

Partimos. Noite escura, era quase impossível ver algo pela janela. Apenas quando atravessávamos pequenas cidades é que as luzes permitiam ter uma noção da área externa. Cerca de uma hora depois passamos por Chełm. Horst certamente passou por aqui. Na verdade, Chełm talvez tenha sido responsável por um dos enganos de seu diário. No original, a primeira parada que ele descreve após deixar Lublin é Kovel. Depois, no entanto, o nome da cidade foi riscado e substituído por Cholm. Cholm é uma cidade no norte da Bielorrússia, poderia ter sido caminho dele, mas certamente não foi. Horst deve ter ficado em dúvida entre Kovel e Chełm; confundiu Chełm e Cholm, que foi o que manteve quando passou a limpo o diário original. Tudo indica, no entanto, que era a Kovel que ele se referia. A cidade ucraniana é um importante ponto da malha ferroviária, e a conexão que liga Kovel a Lublin e também a Varsóvia foi construída em 1877, alavancando o desenvolvimento da região. Só não dava para entender por que demorava tanto para chegar até Kovel.

Chełm tinha ficado para trás havia menos de uma hora, e eu seguia acordado. Paramos novamente. Houve uma agitação no corredor e logo apareceu um homem em nossa porta. Os poloneses saltaram da cama e lhe entregaram algo. Passaportes. O sujeito lançou um olhar para mim, e também lhe entreguei meu documento. Ele abriu e gastou um longo tempo passando as folhas, como se procurasse algo. Por algum motivo, tive receio de haver desconhecido a necessidade de visto para entrar na Ucrânia. Mas eu havia pesquisado sobre isso. Não era possível. Ele olhou para mim, disse "Brasília" e devolveu o passaporte. Seguimos viagem. Descobri que estávamos em Dorohusk, na borda entre os países, mas ainda do lado polonês. O trem seguiu lento, e eu começava a cogitar um cochilo, mas poucos minutos depois paramos novamente.

Nova agitação no corredor. De fora chegavam alguns gritos, funcionários da ferrovia acertavam alguma junção ou troca de vagões. Pelo alto-falante, uma voz estridente disse alguma coisa incompreensível. Pouco depois um militar assomou à porta; ele vestia um uniforme claro, como o dos combatentes de neve, tinha uma pistola no coldre e alguns passaportes à mão. Os dois poloneses entregaram imediatamente seus documentos; eu esperei ele olhar para mim e lhe entreguei os meus. Ele examinou minha foto e passou as páginas duas ou três vezes. "É sua primeira vez na Ucrânia?", perguntou em inglês. Eu assenti.

Uma mulher com um sobretudo azul se juntou ao militar, perguntou algo aos poloneses e depois virou-se para mim.

– Desculpa – eu disse. – Você poderia falar em inglês?

– O que você tem dentro da mala? – E ela apontou para minha mochila no alto.

– Apenas roupas.

– Apenas roupas?

– Sim.

Ela se virou para o militar, que ainda examinava meu passaporte.

– Brasília?

– Sim.

Os dois se foram e levaram meu passaporte. Ouvi-os bater nos outros vagões. Batiam e abriam logo a porta, solicitando os passaportes. Lá fora, os funcionários seguiam andando e falando ao lado da locomotiva. Vez ou outra eu sentia um tranco. Alguns minutos depois o trem partiu novamente. O GPS do meu celular mostrou que já havíamos cruzado a fronteira, mas eu não conseguia especificar onde estávamos. Olhando o mapa depois, poderia ser Rymachi ou Kotsyury. Na hora, eu só estava preocupado com meu passaporte que não havia sido devolvido.

Menos de dez minutos depois paramos novamente. Nesse trajeto, o trem sacolejou à beça. Deitado em minha cama, eu tinha a impressão de que ele estivera trocando constantemente de trilhos. Pela janela, tudo escuro. Nessa nova e inesperada parada, mais conversas na estação. Novos trancos, desta vez um pouco mais duros. Alguém batia com força algum metal, que ecoava dentro da cabine. Voltamos a andar, bem lentamente, os trancos acompanhando o movimento, algumas vozes ainda chegando. Olhei o celular e me surpreendi com a hora. Já era 1h30 da manhã. Conferi o relógio de pulso, que marcava 00h30. Me toquei: a Ucrânia estava uma hora à frente da Polônia. O celular havia se ajustado automaticamente. Isso significava que não seriam seis horas de viagem, mas cinco. Chegaria a Kovel às 4h15, mas no horário da Ucrânia.

O trem seguia a baixa velocidade. Eu tinha a impressão de que boiava sobre um rio, só os trancos é que me tiravam tal impressão. E eles não haviam parado. O trem foi que parou por alguns segundos, depois retomou a marcha, mas no sentido contrário. Ele seguiu a viagem com a constante troca lateral de trilhos, e definitivamente não ia a boa velocidade.

O militar não voltara com meu passaporte e já não havia barulho ou movimentação no corredor. "Será que ele ficou para trás, na parada intermediária?", pensei. Seguíamos em marcha lenta, trocando constantemente de trilhos, por quase uma hora, quando comecei a me preocupar mais seriamente e fui tentar ver alguma coisa. Da janela do corredor eu podia ver a plataforma. Não parecia uma estação, mas uma construção perdida no meio da ferrovia. Seguíamos boiando a baixa velocidade, os trancos a intervalos regulares, e viajávamos como um pêndulo, mas sem mudar de trilhos. Foi uma impressão equivocada. Da minha cama, cada estalo parecia uma mudança lateral, mas agora eu podia ver que não mudava em nada a nossa posição.

Estávamos na verdade em Jagodin. Meu bilhete previa uma hora de viagem entre Dorhusk e Jagodin, mas havíamos cumprido o trajeto em apenas dez minutos, como deveria ser, dado que apenas treze quilômetros separam as cidades, situadas à borda de seus países. Esperamos duas horas em Jagodin, naquele passeio à deriva, indo e voltando de lugar algum, sob trancos e vozes que eu definitivamente não conseguia compreender. Me senti um pouco na pele de Horst. Pude tatear a sensação dele enquanto, jogado em algum vagão, esperava, esperava e esperava mais um pouco para seguir viagem. O percurso dele entre Lublin e Kovel foi tumultuado. O meu era no mínimo esquisito.

Já passava das três da manhã quando o militar voltou e devolveu meu passaporte. Eu havia ganhado um carimbo na última página. O trem voltou a ganhar velocidade e pareceu estar a caminho. Às 4h15 saltei em Kovel.

Fui um dos poucos a desembarcar em Kovel. Desaguei em uma praça deserta, afora três táxis parados. O fato de eu ter apenas euros e dinheiro polonês me preocupou mais do que não saber falar uma única palavra em ucraniano. Eu sabia que o hotel era próximo, até porque a cidade era pequena. Pensei que uma nota de cinco euros resolveria o problema; mostrei-a ao primeiro taxista, que me indicou o carro seguinte. Mostrei novamente a nota, depois entreguei o endereço por escrito. Entrei no carro e fui.

Umas dez quadras depois chegamos ao hotel. Entreguei os cinco euros para o taxista, que passou a mão nos bolsos e falou desemboladamente no idioma local. Percebi que falava do troco. Tentei dizer com as mãos que não era preciso e emendei: "Good?". O sujeito abriu um sorriso e soltou um "Beeeery good!". Ficou tão feliz que me ajudou com as malas e bateu na porta do hotel durante quinze minutos, até que alguém apareceu para me receber. Despediu-se e me deixou com uma senhora loira, cara de sono, que não sabia sequer o "bery good".

Mostrei-lhe o dinheiro e ela disse que não receberia em euro. Pegou meu passaporte, me mandou subir, e eu entendi que trocaria minha alforria por dinheiro ucraniano no dia seguinte. Subi e dormi.

Na manhã seguinte, saí cedo para trocar o dinheiro. Era segunda-feira, dia 9 de maio e, portanto, feriado. Comemorava-se o dia da vitória na Ucrânia, o 71º aniversário do fim da guerra na Europa, da assinatura da rendição incondicional dos alemães perante os Aliados. A data nos livros de história do Ocidente é 8 de maio – a assinatura da rendição estava prevista para o início da noite, mas acabou atrasando e só foi para o papel pouco depois da meia-noite. Já era dia 9, principalmente em Moscou.

Na capital russa, naquela manhã em que eu estava em Kovel, dez mil soldados desfilavam pela Praça Vermelha, sob o passeio de 71 caças de guerra. Vladimir Putin discursou. Em Kiev também havia uma grande festa. Em Kovel, na principal avenida, a poucos quarteirões do meu hotel, houve festa, mas cheguei no fim, quando encerrava-se uma corrida celebrativa. Havia muitas pessoas na rua: jovens loiras com carrinhos de bebê, rapazes de cabelo cortado bem rente, crianças correndo para lá e para cá. Nos extremos da avenida, muito policiamento. Na televisão, durante todo aquele dia, a programação passou coisas relativas à guerra.

Kovel teve, no passado, uma grande comunidade judia. Quando os nazistas invadiram a União Soviética, em junho de 1941, estima-se que havia em Kovel algo em torno de dezessete mil judeus, incluindo refugiados do oeste da Polônia. Quase todos foram confinados em dois guetos ao redor da cidade, e depois enviados para Bakhiv, uma área distante oito quilômetros. Em agosto de 1942, mais de oito mil foram executados pelos alemães. Outros milhares morreram na mesma época, em diferente locais da região.

Consegui trocar dinheiro, resgatei meu passaporte e, na manhã seguinte, parti para Gomel. Passaria o dia viajando até Kiev, onde trocaria de trem para mais algumas horas até Gomel. Meu bilhete de trem, todo em cirílico, permitia tirar conclusões apenas sobre o vagão e o número da cama. Foi o suficiente para encontrá-la. Desta vez não havia cabines; estávamos divididos em baias, cada uma delas com quatro camas dispostas duas a duas de forma perpendicular ao trem e outra acima da janela, no mesmo sentido do vagão; embaixo dela, uma pequena mesa com duas poltronas. Deduzi que uma delas era a minha, já que minha cama era aquela solitária sobre a janela. Sentei e fui observando a paisagem.

Eu ainda tinha Kapuscinski comigo. Depois de viajar pela Índia, ele havia regressado a Varsóvia, viajado novamente para a China e retornado para casa mais uma vez. Ele conta ter voltado dessas viagens com vergonha de sua ignorância. Havia tido grandes encontros com o diferente e descoberto a impossibilidade de conhecer seus mistérios. Eu tinha a mesma sensação, e me sentia ainda mais envergonhado, pois havia me deparado com diferentes bem menos diferentes que Kapuscinski. Por sorte, o mestre consolava: "Para desvendá-los, é necessária uma longa e sólida preparação". É preciso tempo. O que eu não havia tido. Larguei o livro quando cruzamos uma estação desativada. Havia vagões antigos, alguns de carga, outros de animais, exatamente o tipo de vagão em que Horst viajara.

A viagem seguiu e eu me perguntava a que velocidade íamos. Incrivelmente lento. Talvez cinquenta por hora. No máximo sessenta. Parávamos o tempo todo, e em cada parada ficávamos alguns minutos. Eu tinha comigo um senhor de bigode e cabelos brancos, que lia seu jornal e depois puxou conversa. Pedi desculpas por não entender. Ele lamentou, mas não se deu por vencido. Começou a enumerar algo que pareciam países. Eu disse: "Brasil". "Brasil?", ele bateu o jornal na mesa e soltou uma gargalhada. Falou animadamente algo comigo como se eu o estivesse entendendo – e estava. Tive certeza de que ele dizia algo como: "Não é possível! Um brasileiro por aqui? O que um brasileiro pode estar fazendo aqui nesta cidade?". Depois ele apontou o jornal e usou uma palavra que lembrava "presidente", seguida de um gesto com as mãos que insinuava pedras rolando. Não havia mais dúvidas. Nos entendíamos perfeitamente.

Já tinha escurecido quando chegamos a Kiev. Me despedi do meu amigo, que seguiria até Moscou, e fui buscar a plataforma do trem para Gomel. Assim que desci as escadas, vendo o trem já parado lá embaixo, fui abordado por militares bielorrussos. Pediram meu passaporte e meu bilhete, e conferiram com atenção. Tudo checado, autorizaram minha passagem; entreguei o bilhete e o documento ao funcionário e embarquei. No início do corredor encontrei uma jovem militar sentada em frente a um notebook, conferindo os passaportes de cada um. Entreguei e dei boa-noite; ela me olhou e sorriu. Fui deitar em minha cama e tentei dormir. Fechei os olhos pensando em como havia me preocupado sem necessidade. Eu receara encontrar problemas para entrar na Bielorrússia, para chegar a Gomel, e tudo ia muito mais fácil e ameno do que com os ucranianos.

A viagem foi tranquila. Eu estava muito cansado e dormi pesado. Quando chegamos à fronteira era madrugada alta e fui acordado abruptamente com a luz sendo acesa e a comissária batendo nas camas para nos acordar. Me senti como Horst no momento em que, preso, ele pede água e o russo ralha com ele. "Estava demorando para os problemas aparecerem." Os militares entraram e fizeram a longa checagem de sempre. Sumiram com meu passaporte, voltaram, me encararam por um tempo, depois "Brasília" pra cá, "Brasília" pra lá, pediram para ver minha mochila e então me deixaram em paz. Logo seguimos viagem, a luz se apagou, eram 3h da manhã, e eu caí no sono novamente.

Estávamos em Terjukha e ainda havia mais de uma hora de viagem até Gomel. Mas eu precisava ficar em vigília, pois o destino do trem era Minsk, portanto eu saltava antes. Apaguei pensando nisso e acordei assustado quando as luzes se acenderam novamente. Pareciam ter se passado apenas alguns minutos, mas eu pulei e fui calçar as botas para poder saltar em Gomel. Eu estava caindo de sono e peguei a bagagem pesada com dificuldade, fui andando e colocando-a nas costas, com receio de que partissem antes de eu descer. A comissária surgiu e parecia me xingar; ela disse: "Por favor, retorne ao seu lugar", em inglês, mas eu não entendi prontamente, pois pensei que ela não falasse inglês. Então ela disse: "Sente-se", e eu voltei para perto da minha cama. As pessoas continuavam deitadas e me olhavam; ninguém, aparentemente, ia descer em Gomel, então eu olhei o relógio: 3h15 da manhã. Tinham se passado apenas quinze minutos, e nós ainda estávamos chegando à polícia de fronteira, porém agora do lado bielorrusso.

Uma hora depois saltei em Gomel e peguei um táxi até o hotel. Paguei com dinheiro ucraniano, pois não conseguira trocar em Kiev. Ninguém no hotel falava inglês, então me indicaram o quarto e ficaram com meu passaporte; para a minha surpresa, dois minutos depois bateram à porta para entregá-lo. Quando fui me deitar, o dia já começava a entrar pela grande janela. Só então me dei conta de que estava na Bielorrússia, um lugar pelo qual nunca havia me interessado, mas que havia se tornado um grande desejo desde que o visto se revelou um problema.

No dia seguinte paguei o hotel, usei o celular para pedir um mapa à recepcionista, perdi metade da manhã tentando sacar dinheiro, acabei trocando um punhado de dinheiro polonês que tinha sobrado e voltei ao restaurante do hotel para almoçar. No caminho, encontrei uma cidade que não esperava. As avenidas de Gomel são amplas, estavam todas enfeitadas com bandeiras verdes e vermelhas, e na gigantesca Praça Lênin havia tantas pistas como nunca vira em cidades brasileiras. Andei pelo parque pensando o tempo todo de onde eu tinha tirado a expectativa de encontrar um país mergulhado no passado. Talvez esperasse ver em Gomel algo como Cuba. A beleza de uma cidade que não fora tomada pela modernidade. O que eu via era uma cidade com cara de Europa. Apenas mais bonita graças aos toques que me lembravam estar em uma cultura diferente. Quanta tolice a minha. Mas eu devia ser desculpado. Na Bielorrússia não havia Google Street View.

Cheguei ao restaurante com isso na cabeça. Dei a sorte de encontrar uma garçonete que sabia inglês. Falei com ela da minha surpresa e emendei as outras imagens que eu pintara antes de conhecer o país, como a questão política. Expliquei que, provavelmente, minha má impressão do governo bielorrusso vinha do incidente envolvendo a expulsão do embaixador sueco havia alguns anos. Eu disse que tinha lido sobre o fato e sobre os questionamentos que o episódio suscitara a respeito da liberdade civil no país. Ela me interrompeu, se aproximou e falou baixinho:

— A gente não deveria conversar sobre isso aqui.

— Por quê? — perguntei.

— Porque há um escritório do GPU, a polícia secreta, bem aqui perto do hotel — ela disse. — É melhor ficar atento.

Há uma história popular na Bielorrússia que diz que se um russo, um ucraniano e um bielorrusso se sentam em uma cadeira sem perceber que nela há um prego pronto para espetá-los, as reações serão distintas. O russo sentará e, mal sentindo a espetada, se levantará e xingará tudo e a todos ao seu redor. O ucraniano também se levantará, mas logo, calado, vai procurar outra cadeira. Talvez xingue, mas sem alvoroço. O bielorrusso vai se sentar, sentirá a espetada e permanecerá sentado. Vai pensar: "Bem, não está bom. Mas, se é assim, talvez seja assim que deva ser. Ficarei quieto".

Passei dois dias em Gomel. Aproveitei cada minuto das 48 horas que o visto em meu passaporte me autorizava. Andei pelos parques, fui ver o rio, andei pelo centro e em ruas mais afastadas. Horst não deve ter visto nada – apenas parou na estação. Gastei uma manhã no museu da guerra. Parti no início da noite, sob os olhos de Lênin, que também estava na estação, para mais 15 horas de viagem até Moscou, passando por Briansk (assim como Horst) sobre bitolas largas, (como Horst), e ainda com a companhia de Kapuscinski, de cujo país natal eu levava uma impressão ainda inominável. Mas minha casa mesmo era o trem.

VLADIMIR, RÚSSIA. 14 DE MAIO DE 2016.

QUASE NÃO chego a tempo, desorientado com as palavras em cirílico no metrô, mas consegui pegar o trem das 11h. Uma hora e trinta e nove minutos depois, havia percorrido os 188 quilômetros que separam a capital da cidade de Vladimir. Meu amigo Vitaly Gurinovich foi me receber na estação. Logo que me viu, abriu um sorriso e veio em minha direção. Vitaly usa um bigode fino e tem o nariz grande; os cabelos são penteados para trás; ele já passa dos cinquenta, mas tem um corpo enxuto e aprumado. É a cara do Sean Penn.

Vitaly Gurinovich trabalhou durante décadas no museu histórico de Vladimir. Atualmente, dedica-se a negócios internacionais, ele me conta. Ainda é o maior entendido da história dos prisioneiros alemães na cidade. Explico a ele que tenho fome e vamos para um café no centro, depois de deixar minha mala no apartamento. No caminho, ele me mostra os pontos turísticos e tenta me explicar a estrutura da cidade. Seu inglês é muito bom.

Vladimir – eles pronunciam a segunda sílaba como a tônica, diferente de nós, brasileiros – é uma cidade medieval, construída no século XII, às margens do Rio Kliazma. Seu passado está visível nas catedrais ortodoxas, com suas torres douradas, que lembram bolas de glacê. Há ainda outros monumentos pelo centro histórico, que na verdade são duas grandes avenidas que acompanham o rio por cerca de quatro quilômetros. Vladimir tem hoje mais de 350 mil habitantes, tendo crescido muito após os anos 1990. Em 1945, quando Horst chegou por lá, não tinha sequer um quinto disso.

Enquanto almoçamos, Vitaly me explica o plano do dia. Vai me mostrar onde ficavam os cinco campos que havia na cidade durante a guerra e nos anos que a seguiram. Sabemos que Horst passou por pelo menos três deles, possivelmente quatro. Vitaly sabe também onde funcionava o tal escritório do GPU, que Horst tanto mencionou no diário. Segundo Vitaly, no entanto, tratava-se do escritório do departamento de polícia, que era onde funcionava uma espécie de secretaria de obras. O GPU propriamente dito, o serviço secreto russo, operava em frente a esse prédio, e os agentes usavam o mesmo uniforme que os policiais; por isso eram todos tratados como uma coisa só. Termino minha sopa, como um bife com batatas e partimos.

Vamos a pé até uma igrejinha ortodoxa, escondida em uma ruela estreita, já no limite da ribanceira que dá para o rio. A igreja foi fechada em 1924, após a revolução, e reaberta em 1944, no final da guerra, para abrigar prisioneiros. Só tempos depois foi concluída e retomada, ganhando a cara que tem hoje. Nos fundos, há um pequeno cemitério para pessoas da comunidade; há também prisioneiros enterrados ali. Entramos pela porta secundária. A igreja parece nova por dentro, tem muitos quadros, grandes imagens, um amarelo calmo e imaculado nas paredes. É obviamente bem diferente do tempo em que foi acampamento de prisioneiros. É até difícil imaginar como devia ser quando abrigava quase duzentos homens maltrapilhos e era conhecido como "acampamento nº 9".

Saímos dali e tomamos o carro. Paramos perto de um grande prédio, com imensas colunas gregas na entrada. Ali funcionava o tal escritório em que Horst trabalhou. À sua frente, outro prédio menos imponente, onde funcionava o GPU. Mais adiante, um monastério. Por uma rua que mais parece um terreno baldio, pouco depois do monastério, entramos e nos deparamos com um quintal meio abandonado. Ali funcionava o campo nº 10, principal campo dentro da cidade, com capacidade para mais ou menos 150 pessoas. O campo foi construído onde então funcionava um hipódromo. Vários prisioneiros falam disso em suas memórias, do cheiro, do ambiente, do contato com os cavalos. Vitaly me conta como era a disposição do campo. A casa de banho ao fundo, o refeitório à esquerda, o alojamento de madeira bem no centro. Hoje é um terreno baldio cheio de pequenas garagens de ferro, uma pequena casa dando para a rua, um depósito de qualquer coisa na lateral.

Esses eram os dois campos que ficavam na cidade. Pela lateral do prédio do GPU, vemos a rua por onde chegavam os prisioneiros vindos dos campos maiores, fora da cidade. Ela surge como um caminho morro abaixo, deságua em uma grande vala, ainda em obras, cerca de quatrocentos metros depois, quando sobe novamente como um morro ainda mais íngreme; aplaina-se rapidamente e, lá em cima, quase dois quilômetros depois da avenida maior, ultrapassa um grande parque. No quarteirão seguinte estamos no local onde funcionava o campo principal. Hoje em dia a cidade chega até lá, ultrapassa o campo e continua. Em 1945, acabava no pé da subida. Tudo ao redor do campo era mato e floresta. Sobre o campo n° 1, que abrigava cerca de mil prisioneiros, foi construído um grande prédio comercial, além de outras construções menores. Ainda é possível ver um velho prédio erguido pelos prisioneiros, bem no centro; logo atrás, me explica Vitaly, ficava o campo de futebol a que Rudolf Koch se refere em sua carta para Horst.

A noroeste dali, dois quilômetros depois, chegamos à fábrica de tratores, principal local de estadia de Horst. O terreno da fábrica era muito maior – hoje há um shopping nele – mas a fábrica ainda está lá, pequena. Logo na entrada, há três pequenos prédios de tijolos vermelhos. Foram construídos pelos prisioneiros a partir de 1946. Uma pracinha em frente a eles contém uma homenagem; foi construída por iniciativa de Peter Steger. Vitaly me guia de volta ao carro e vamos para uma entrada lateral. De lá, vemos de longe o velho galpão em que funcionava a fábrica na década de 1940. É o mesmo que Horst via. Se parece com o desenho que ele fez no caderno da transcrição. O campo dentro da fábrica de tratores era tratado como "campo n° 8", mas nunca foi um campo propriamente dito, esteve sempre em caráter provisório – o que não impediu que Horst e muitos outros passassem bastante tempo ali. Um campo provisório tem estrutura ainda pior que um campo normal, que já não era lá grandes coisas. Estamos no meio da primavera, mas é possível imaginar o lugar à minha frente durante o inverno. Nada fácil.

No caminho de volta ao centro passamos por onde funcionava a fábrica de tijolos. Quase ao lado ficava o campo n° 2. Segundo Vitaly, era provavelmente o campo com as piores condições, e o trabalho na fábrica, provavelmente o mais duro. Vitaly já mostrava um pouco de dificuldade de encontrar as palavras em inglês para dar suas explicações. Estava cansado. Eu também. Foi um dia longo.

Vladimir tornou-se ponto para alocação de prisioneiros ainda durante a Batalha de Stalingrado. Ou seja, os primeiros prisioneiros começaram a chegar em 1942. Alemães em sua maioria, mas também franceses, ingleses, romenos, poloneses, italianos... Ser prisioneiro em Vladimir significava pertencer ao campo de número 190 na Rússia. Não há um número exato, mas milhares de homens passaram por lá. Muitos, como Alfons Rujner e Wolfgang Morel, entravam jovens e, quando voltaram para casa, eram adultos.

Horst só foi libertado em 1946 por ser brasileiro. Caso contrário, ficaria mais tempo. A maior parte dos prisioneiros alemães só voltou para casa depois de 1949. Muitos morreram em Vladimir. Quase sempre por má alimentação ou doença relacionada à falta de alimento ou higiene – tifo, por exemplo.

A vida dos prisioneiros em Vladimir podia ser bem distinta. Os prisioneiros que viviam no campo n° 9, na igreja do centro da cidade, pareciam ter uma vida aceitável. Há várias fotos deles durante esse período. Pode-se dizer que parecem saudáveis. Nos últimos anos, alguns deles formaram uma orquestra e realizavam apresentações musicais na igreja. Outros não tiveram tanta sorte. Horst foi um desses, embora, durante os quatro meses em que trabalhou no escritório na cidade, pudesse ser considerado um prisioneiro de sorte. No resto do tempo, no entanto, não. Viveu em campos com más condições. Trabalhou duro.

No dia seguinte, Vitaly me levou até o museu. Já não trabalhava lá, mas transitava, solicitava favores e fuçava os arquivos como se ainda fizesse parte. Pacientemente, traduzia as informações para o inglês e me ajudou a preparar a carta com os pedidos de pesquisa para o Arquivo do Estado Russo. Além disso, me fez cumprir obrigações de boa vizinhança, me apresentando a diretores e altos funcionários do museu e da cidade.

Passei quase uma semana em Vladimir. Diariamente, fui ao museu para pesquisar, ver fotos, documentos, ler memórias de outros ex-prisioneiros. Só durante essas conversas no museu é que fui perceber algo curioso na história de Horst Brenke. Todos ficavam abismados com o fato de o diário ter sobrevivido. Nunca haviam encontrado um ex-prisioneiro que tivesse voltado para casa em posse de seus papéis. Eu tinha então um novo mistério: como Horst havia conseguido escapar com seu diário? Era mais uma resposta que eu nunca iria obter sobre a história de Horst Brenke.

À tarde, eu andava pela cidade, pelos locais onde Horst havia passado. Fui até uma cidadezinha a poucos quilômetros dali, chamada Suzdal. Suzdal abrigou um grande campo de prisioneiros após a guerra e hoje tem um museu muito rico de informações. É uma pena que a situação não seja tão bem registrada em Vladimir, mas é compreensível. O campo nº 160, em Suzdal, foi um campo para oficiais. O Marechal Paulus esteve preso lá. Foi um campo com boas condições para os prisioneiros e, por isso, usado como propaganda para o restante do mundo, ilustrando com fotos e depoimentos o modo humano como os russos tratavam seus prisioneiros. Em Suzdal viveram também muitos italianos. E essa foi uma hipótese levantada para o fato de Horst ter ido parar na Itália quando partiu da União Soviética.

SIGHETU MARMAȚIEI, ROMÊNIA. 23 DE MAIO DE 2016.

VOLTEI PARA Moscou no fim de semana. Passei dois dias perambulando pela cidade, me distraindo em museus, como o gigantesco Museu da Segunda Guerra Mundial, que eles muito particularmente chamam de a Grande Guerra Patriótica. Peguei um trem no sábado à noite para Kiev, aonde chegaria no início da manhã seguinte.

Tomei um táxi na estação em Kiev, ciente de que teria uma corrida curta até o flat onde ficaria. Estranhei o taxista falar em valor antes de partirmos. Estranhei também quando ele, ao chegarmos, anunciou que a corrida ficara em 380 grívnias. Eu sabia que era muito, mas estava cansado para raciocinar. Quatrocentos "dinheiros" era tudo que eu tinha, tendo trocado, na estação, um resto de dinheiro polonês que guardara comigo. Paguei e subi; tomei um banho e parei para pensar melhor sobre o preço do táxi. Ele havia me cobrado oito vezes mais que o normal.

Fiquei apenas um dia em Kiev. Com receio, fui de táxi para a estação no dia seguinte, bem cedo. Desta vez paguei o valor correto. Parti para Lviv, onde teria algumas horas livres, antes de pegar outro trem noturno rumo a Solotvyno. Lviv é uma cidade charmosa no oeste da Ucrânia. Foi pouco afetada pela guerra, por isso tem muitos prédios antigos bem conservados. Ainda cismado, peguei outro táxi, um cacareco caindo aos pedaços, cujo chofer parecia ter acabado de aprender a guiar. Cheguei a salvo e a tempo de pegar o trem. Dormi a noite inteira e tão profundamente que quase perco a hora de desembarcar em Solotvyno.

O lugarejo é um pingado de pequenas casas com campos de agricultura familiar, às margens de um rio, na borda entre a Ucrânia e a

Romênia. Anos atrás, a ferrovia cruzava o rio, chegando até Sighetu Marmaţiei, na outra margem. Hoje em dia, é preciso desembarcar em Solotvyno, pegar um carro e atravessar a fronteira por uma ponte.

Assim que desci do trem um sujeito alto e de boina acenou em minha direção oferecendo táxi. Entramos num velho Lada bordô, bati três vezes até a porta se fechar totalmente e partimos quicando por uma estradinha vicinal de asfalto ruim. "Sighetu", eu disse. Ele confirmou incluindo uma outra palavra ao nome da cidade. Não me pareceu Marmaţiei, mas tudo bem. Seguimos aos solavancos, o velho Lada ganhando velocidade bravamente pelas ruazinhas desertas da cidade. Era ainda muito cedo, o Sol sequer aparecia no horizonte, mas, em algumas casas, os moradores já trabalhavam no roçado, famílias juntas num mesmo trecho de terreno, todos compenetrados, de cabeça baixa e enxada nas mãos.

O taxista era simpático e para variar me lembrava alguém parecido, mas eu não descobria quem. Ele apontou para o próprio peito e disse "Ucrânia", ou algo muito parecido. Depois apontou para o meu peito. Eu entendi e disse: Brasil. Ele repetiu em voz alta, riu e disse algo que me fez compreender a distância entre os dois países. Pouco depois, bateu no painel do velho Lada e disse novamente: "Brasil!". Eu confirmei com a cabeça e peguei um pedaço de papel. Escrevi três datas – 1960, 1970, 1980 –, tentando perguntar qual era o ano do carro. Ele fez sinal positivo com a cabeça quando apontei a primeira década – mas fez também para as outras duas. Percebi que não nos entendíamos. Logo depois nos reencontramos. "Presidente", ele disse e apontou para mim antes de dizer "Brasil". Concluí que voltávamos a nos entender.

Rodamos mais do que eu esperava, e nada de chegar à tal ponte. Abri o mapa no celular e o taxista notou. Fez sinal de que não era necessário. Sighetu Marmaţiei, disse apontando para a frente. Eu não via a ponte. Dobramos à direita e, logo adiante, avistei a barreira da polícia de fronteira. Finalmente. Mas quando me preparava para tirar o passaporte do bolso, o táxi foi para o acostamento e parou. O sujeito de boina apontou para o ponto e fez sinal com dois dedos: eu teria que atravessar caminhando. Após pegar minha bagagem, nos despedimos com um aperto de mão. Ele apontou minha bolsa de mão, onde eu guardava meu computador e disse para eu ter atenção. "Ciganos" – ou algo parecido –, disse, enquanto fazia o gesto universal para roubo. Paguei a corrida. Menos da metade do que eu havia imaginado.

Sem escolha, me ponho a caminhar rumo à alfândega. Passo pela primeira, no lado ucraniano. Muitas caras e olhares em minha direção, o passaporte passando de mão em mão como de costume, o mesmo vira-folha-volta-página infindável até o momento em que eles aparentemente se dão por vencidos, metem um carimbo e me mandam seguir. Atravesso a ponte sobre o Rio Tisza e chego à alfândega romena. Nova averiguação no passaporte e, em inglês, as perguntas de praxe. Liberado, antes tenho que abrir minha bagagem. O sujeito me pergunta se há apenas roupas dentro delas. Digo que sim. Ele pergunta se tenho cigarros. Tiro o maço do bolso da jaqueta e o apresento. "Só este?" "Sim, só este." "Então tudo bem." Tomo a rua, tento pegar um táxi, mas ele não aceita dinheiro ucraniano. Sigo a pé para o hotel, a mochila nas costas, a alça da bolsa de mão cruzada no peito por segurança. Vou tentando identificar a distância algum cigano, mas a rua está quase vazia. São as primeiras horas da manhã e alguns comércios estão levantando suas portas. O tempo é fresco. Na praça principal, poucos quarteirões depois da estação, o dia ainda não começou, tudo está tranquilo demais na cidadezinha aonde só mesmo a história de Horst poderia ter me levado. Chego ao Hotel e nada de ciganos. No caminho, só pessoas normais.

Acordo duas horas depois, tomo banho e parto para a rua. A praça em frente ao hotel está ensolarada e apinhada de gente. Pencas passam pelas calçadas, carros seguem devagar, muitos comerciantes vendem comida e flores na rua. Sighetu Marmaţiei é uma longa e estreita praça que segue por um quilômetro e meio de norte a sul, margeada por sobrados de dois andares e cortada por igrejas, obeliscos, um velho cinema e pequenas ruelas para o retorno dos automóveis. A cidade ramifica para leste e oeste, com ruas estreitas e desordenadas. Com trinta e poucos mil habitantes, lembra qualquer pequena cidade do interior mineiro em dia de feira, quando todos estão na rua em um vaivém sem fim, debaixo de um sol abrasador.

Ando um pouco pela cidade, sem rumo certo. Atrás da praça, há uma feira de rua com todo tipo de frutas, verduras e comida que, à primeira vista, me parece típica. Sigo atento em busca dos ciganos, mas não os vejo. Caio novamente na praça e vou bater no museu histórico da cidade. Sem ter conseguido iniciar minha pesquisa a distância, uma vez que não tinha encontrado nenhum arquivo a que contatar, é ali que inicio meu trabalho.

Uma matrona me recebe e logo que me ouve falar em inglês me pede para esperar. Vai lá dentro e chama alguém para me atender. Gicu Manole tem um cabelo preto bem liso, olhos verdes e pequenos e uma pele queimada de sol. Já passa certamente dos cinquenta. Explico quem sou e meu intuito e ele me convida para entrar em sua sala. Em inglês, conversamos sobre as minhas possibilidades; sobre como posso encontrar o rastro de Horst Brenke naquela pequena cidade de Maramureş, nos confins da Romênia. Ele acha muito difícil conseguir alguma coisa, mas diz que não poderia lhe aparecer nada melhor do que aquela história. Gicu seria uma das melhores coisas que me aconteceriam nessa viagem.

O simpático Manole começa a me mostrar fotos antigas da cidade e dispara a fazer ligações. Conversa em romeno, que, àquela altura, depois de tantos dias na Rússia e em outros países do alfabeto cirílico, já me soa como português. Consigo entender boa parte do que Gicu fala ao telefone. Depois, ele, especialista em projeções, amostragens e percentuais de procedência duvidosa, me explicaria que um falante de língua portuguesa consegue entender até 50% de uma conversa entre romenos. Gicu marca uma conversa com o diretor de um outro museu e me pede para esperar dez minutos, pois terminará seu trabalho e irá comigo. No caminho, vai me mostrar um lugar que pode ter sido o campo em que Horst ficou. Segundo se lembra, sua mãe comentou algo parecido sobre aquele lugar. Juntando todas as informações que Horst nos oferece no diário, aquela é uma boa possibilidade. Sabemos que o campo ficava em um ponto de onde se podia ver as pessoas caminhando por uma alameda. Sabemos que o campo era cercado, pois Horst ainda não estava em liberdade. Sabemos que havia ciganos acampados no mesmo lugar. E sabemos também que o campo ficava próximo ao rio. Essa última informação não ajuda muito, pois Sighetu está situada no encontro de três rios diferentes: além do Tisza, o quase homônimo Iza, e o menor deles, o Ronişoara.

O lugar que Gicu pensa ter sido o campo abriga hoje um monumento em homenagem às vítimas do comunismo, além de um pequeno campo de esportes inutilizado. Passamos por lá e, quase na esquina, encontramos o museu, que tem o mesmo nome do monumento. O diretor nos recebe e ele e Gicu conversam longamente. Consigo entender um pouco da fala de Gicu e fico impressionado com a quantidade de detalhes que ele repassa ao diretor – os mínimos detalhes da apresentação que eu havia feito para ele meia hora antes. Ele parece ter gostado do nome Horst Brenke, pois o fala com cuidado, olhando para mim como se esperasse alguma correção sobre a pronúncia. Eles chegam à conclusão de que o campo não poderia ter sido ali. Ligam então para outras pessoas e sentenciam que qualquer informação ou documento eu só encontraria em Baia Mare, a principal cidade da região. Mas, eles explicam, eu não precisarei ir até lá. Já contataram o responsável pelo arquivo e ele aguarda um e-mail meu para formalizar a busca.

Nesse meio-tempo, surgiu uma nova possibilidade: um terreno que serviu de abrigo, pouco depois do bairro que serviu de gueto para os judeus durante a guerra. Gicu nem permite que eu faça cerimônia e diz que obviamente irá comigo naquele mesmo instante ao local; "Sou divorciado", esclarece.

O novo provável lugar para o campo é um terreno baldio. À frente dele, há um muro já pela metade cujas pedras têm certamente alguns séculos. Segundo Gicu, a informação de que ali houve um campo no tempo da guerra e nos anos seguintes é certa. Não cabiam dúvidas. Ele apontou em direção à praça e concordamos que, sim, quem chegasse até a entrada, até aquele velho muro, poderia ver as pessoas passeando pela praça. Ele aponta na outra direção e diz que em dez ou quinze minutos de caminhada chega-se ao Tisza. Tudo confere.

Começamos a caminhar de volta ao centro, mas dobramos numa esquina, ainda perto do campo onde Horst teria ficado. De frente a uma casa velha, Gicu diminui a passada e sem interromper a conversa bate sutilmente numa janela. Pouco depois um homem de cabelos brancos abre a janela e mete a cabeça para fora. Cumprimenta Gicu, me cumprimenta, enquanto meu companheiro conta minha história. Novamente perfeita, incluindo novos detalhes que eu havia contado no tempo de caminhada. O sujeito volta para dentro e fecha a janela. Olho para Gicu e pergunto se houve algo de errado. "Ele disse que isso merece um café", explica. "Você pode?"

O novo amigo se chama Johnny Popescu. Enquanto esperamos, Gicu me explica que Johnny é jornalista, escreveu dois livros sobre a vida dos judeus em Sighetu Marmaţiei e é provavelmente o cara mais bem informado e culto da cidade. "Eu já havia planejado essa passada por aqui", diz com um sorriso maroto. Johnny sai de casa com sua bicicleta e logo começamos a falar sobre minha investigação.

Johnny tem praticamente a mesma idade de Gicu. É mais alto, tem a pele clara e fala um inglês perfeito. Gicu faz um resumo das informações que temos e do que tínhamos feito até então. Johnny joga tudo por água abaixo. "Horst era um oficial?", ele me pergunta. Digo que não. "Então definitivamente não foi ali que ele ficou". O lugar onde estivemos tinha realmente sido um campo logo após a guerra, mas foi um campo para oficiais, que viviam em liberdade. "Alguns deles até se casaram por aqui", Johnny me explica. "Infelizmente, nenhum vive mais na cidade". Foi um balde de água fria, mas logo Johnny me anima. Ele explica, enquanto chegamos ao café, embaixo do meu hotel, que o campo em que Horst ficou está localizado na mesma rua do primeiro campo, mas cerca de quinhentos metros adiante, em direção ao rio. Gicu me olha surpreso. "Fica onde hoje é uma pequena estação meteorológica", Johnny completa. Era ali que ficavam os soldados rasteiros. Mas e a tal vista das pessoas passeando pela alameda? Durante muitos anos houve um parque perto do campo, uma promenade com muitas rosas, onde os ricos da cidade costumavam passear. "Ele poderia ter escrito que as pessoas estavam bem vestidas", fala Johnny. Pois ele escreveu. Eu havia me esquecido desse detalhe. Gicu me olha espantado. Johnny segue me enchendo de informações importantes.

Sighetu Marmației foi o primeiro lugar de Horst fora da Rússia. Ucrânia, naquele tempo, era Rússia. Foi o primeiro lugar não exatamente militarizado por onde ele passou. Em Sighetu, abandonou o uniforme militar que havia usado todos os dias no último ano e ganhou roupas civis. Para tudo Johnny tinha detalhes: a boa comida, o sol abrasador, os ciganos acampados, o teatro dos ciganos, o temperamento intempestivo dos ciganos...

Conversamos por mais de hora no café. Gicu perguntou a que horas eu passaria no museu no dia seguinte, pois me levaria até o local do campo e também ao trecho do rio em que Horst deve ter se banhado. Acertamos um horário e nos despedimos. Agradeço e me despeço também de Johnny Popescu; ele garante que iremos nos ver novamente: "É como dizem: jornalistas e prostitutas estão sempre pelas ruas".

Durmo mais do que deveria e quando acordo fico sabendo na recepção do hotel que Gicu já esteve à minha procura. Toco para o museu. Sempre animado, mas de uma animação extremamente cautelosa, como se receasse perturbar, Gicu me recebe e pede uns minutos para conseguir se desvencilhar do trabalho. Pouco depois ele me encontra na esquina e vamos para o campo. Mal havíamos deixado a rua principal, lá vinha Johnny Popescu em sua bicicleta.

– Eu não te falei que o Johnny está em todo lugar? – disse Gicu.

Johnny ia para o estúdio de rádio, onde apresenta um programa diário a partir das duas da tarde. Conversamos rapidamente e seguimos em direção ao campo. Antes, porém, Gicu e eu passamos pela Casa Memorial Elie Wiesel. O museu que leva o nome do Nobel da Paz fica na entrada de onde foi o bairro judeu durante a guerra. Wiesel viveu na casa onde funciona o museu e esteve no bairro judeu antes de ser enviado a Auschwitz. O gueto judeu em Sighetu Marmației funcionou de 1943 a 1944 e abrigou quase treze mil judeus. No final de 1944, quase todos foram enviados para Auschwitz. Dois anos depois da guerra, restavam pouco mais de dois mil judeus na cidade. No início dos anos 2000, cerca de vinte.

Gicu me apressa no papo com o diretor do museu, que ficou particularmente interessado em minha história. Outro amigo nos aguarda na porta para irmos de carro até o campo. Lá os dois começam a conversar com uma senhora que administra o lugar, hoje uma estação meteorológica. Ela nos convida para entrar e vai explicando quais casas ao redor de onde fora o campo ainda são daquela época. Ela vai explicando em romeno, Gicu traduz a cada frase que ela dá. Pouco tempo depois a conversa parece ter se encerrado. É quando a senhora se lembra de algo. A casa bem em frente à casa onde estamos também é daquela época, ela explica, e Gicu traduz para mim. Inclusive, a mesma família ainda mora lá. Ela diz e Gicu traduz, fazendo cara de que poderia ser uma boa possibilidade. A dona da casa, a mulher continua, tem noventa anos, mas tem uma cabeça boa. Gicu lança um olhar como quem diz "olha aí a sorte batendo à sua porta". A mulher conta então que a velhinha é uma judia sobrevivente de Auschwitz. Gicu Manole arregala os olhos e de pronto levantamos todos para ir atrás da mulher.

Tocamos a campainha e esperamos alguns minutos, mas ninguém aparece. Gicu então bate na janela. Nada também. Viktor, o novo amigo, vai até o vizinho para ver se consegue notícias. Eu bato novamente na janela. Já fazíamos planos de voltar mais tarde quando ouvimos um barulho na janela, que se abre. Uma velhinha de cabelos brancos e curtos aparece e nos olha. Gicu já vai se desculpando e começa a apresentar os três homens desconhecidos que insistentemente atrapalharam a sesta de uma senhorinha de noventa anos.

Gicu então me diz que as informações estavam certas. A mulher à nossa frente tem noventa anos e viveu a vida toda naquela casa. Ele pergunta o que eu gostaria de saber. Primeiro, quando ela voltou de Auschwitz.

– Em 1945 – Gicu diz, olhando satisfeito para mim.

– Então ela já estava aqui em 1946?

– Ela disse que sim – Gicu me diz com os olhos novamente arregalados de satisfação.

– Pergunte então se ela se lembra do campo aqui do outro lado da rua.

Gicu faz a pergunta, a senhora responde com uma voz baixinha, e ele desta vez demora um pouco para se virar e traduzir.

– Ela disse que não se lembra dessa época.

Sholoman Golda, uma judia romena de noventa anos, viveu a vida inteira na mesma casa. Com exceção de um período em 1944, quando foi enviada para o mais famoso campo de concentração durante a Segunda Guerra. Voltou para casa com o fim da guerra, e lá estava em 1946, quando Horst Brenke desembarcou em um campo de prisioneiros do outro lado da rua. Mas ela não se lembra. Passou os últimos setenta anos tentando esquecer aquela época. Tive que aceitar. Agradecemos e fomos embora ver o rio, meio quilômetro depois dali.

Chegando perto, me embrenho por uma mata esperando conseguir uma boa vista do rio e dos velhos pilares por onde a estrada de ferro cruzava. Gicu me adverte que é melhor não andar por ali. Ele tem um semblante sério. Chegamos então por outro caminho e alcançamos a beira. A margem fica mais alta, e está repleta de pedras. Do outro lado, a água mal acaba e já começa uma floresta densa, com árvores altas e muito próximas. As pedras não são naturais, eles me explicam. Foram colocadas pelo governo para tentar evitar o contrabando. "A Ucrânia tem sua mata, a Romênia tem suas pedras", conta Viktor. Ainda assim, o contrabando é diário e em grande volume. "O tempo todo tem cigano trazendo cigarro de lá pra vender aqui." O maço de cigarros na Ucrânia custa quase dez vezes menos que na Romênia. Só então entendo a pergunta do guarda no momento em que eu cruzava a fronteira.

DEBRECEN, HUNGRIA. 26 DE MAIO DE 2016.

EU PASSEI três ótimos dias em Sighetu. Na manhã seguinte ao último deles, tive de fazer outra adaptação ao roteiro de Horst Brenke.

Peguei um pequeno ônibus com pessoas saindo pelas janelas em Sighetu e segui até Baia Mare, a principal cidade na região de Maramureş. No passado, havia um trem vindo do leste que passava por Sighetu, cortava uma ponta da Ucrânia e entrava na Hungria pelo norte. Eu vi os pilares da ponte que sustentava esses trilhos, que foi por onde Horst seguiu viagem quando deixou a Romênia, dezoito dias depois de desembarcar em Sighetu. Eu, contudo, para chegar à Hungria, pegaria um trem em Baia Mare, onde desci depois de um sobe e desce infindável por uma estradinha que primeiro serpenteava morro acima até o topo do mundo e depois descia do mesmo jeito, para subir e descer mais uma vez, afetando a pressão dos ouvidos e fazendo os estômagos mais frágeis, como o meu, se revirarem.

Enquanto aguentei, observei a subida do morro. Passamos por minúsculos povoados à beira da estrada; havia muitos ciganos, alguns, inclusive, pegavam carona no ônibus, descendo pouco depois. Sim, eu já conseguia identificar ciganos.

Horst nos conta em seu diário sobre o grupo de ciganos que acampava junto aos prisioneiros. Pensei nisso todos os dias que estive em Sighetu e seguia com os ciganos na cabeça enquanto, de pé dentro do ônibus, desbravava em curvas a montanha Solovan. Horst escreveu: "Aqui tem cinema e teatro ao mesmo tempo sem cessar. Eles são muito temperamentais. Deve-se tomar cuidado para não se tornar vítima deles". Esse pequeno trecho condizia com a imagem que eu tinha dos ciganos, mas era um entendimento extremamente rasteiro. Vinha, inevitavelmente, dos filmes que eu tinha visto. Neles, os ciganos são sempre representados como um povo festivo, em contínuo trânsito mundo afora, sem raízes ou laços com lugar algum, e sempre envolvidos com todo tipo de trapaça, golpe ou roubo.

Meu entendimento sobre os ciganos ainda era afetado por algo de minha infância. Cresci numa pequena cidade do interior mineiro em que, vez por outra, corria a notícia de que os ciganos estavam na cidade. Assim que a aula terminava, corríamos para perto do rio, que era onde acampavam, para vê-los. Me lembro do grupo armando acampamento embaixo da ponte; mulheres com vestidos longos, lenços na cabeça; os homens sem camisa, às vezes cabeludos, alguns montados em cavalos. Na imagem que conservei, tudo era muito colorido, vermelho. Quase consigo sentir a excitação de quando eu tinha dez ou onze anos e via da rua mais próxima, com receio de me aproximar, o grupo de ciganos que passava pela cidade.

Eu sabia que eles faziam algum tipo de escambo. Lembro-me de que um dos meus melhores amigos tinha uma guitarra azul que havia sido trocada por algo com os ciganos. Lembro-me muito bem também das advertências dos mais velhos, para não chegar perto ou sequer ir vê-los na beira do rio, pois os ciganos raptavam crianças. Nessa mesma época, um fotógrafo da cidade fez uma restauração de uma foto antiga da minha mãe, da época de criança, e algumas semanas depois trouxe o retrato ampliado em um imenso quadro em preto e branco. Meu pai, que sempre foi um ótimo contador de histórias, decidiu entreter minhas irmãs mais novas, então com uns cinco anos; elas estavam assombradas com o quanto a menina da foto se parecia comigo. Eu realmente era – e sou – a cara de minha mãe. Meu pai então lhes contou, em tom muito solene e delicado, que aquela era Tarsila, nossa irmã mais velha, que os ciganos haviam raptado. As meninas choraram, mas meu pai, mesmo de coração partido, manteve a história, pois sabia que riríamos muito daquilo dentro de algum tempo. E assim fizemos, embora minha mãe tenha achado a brincadeira de muito mau gosto.

Eu pensava em tudo isso enquanto andava pelas ruas de Sighetu. Tentei identificar ciganos. Cheguei ao terceiro e último dia na cidade e não conseguira identificar um cigano sequer. Havia conversado com Gicu sobre isso. Ele me explicou que Sighetu não era tradicionalmente um lugar de ciganos, mas que, sim, passavam caravanas por lá, como Horst descrevera no diário. Eu comentei que os ciganos haviam sido muito perseguidos durante a guerra; ele concordou comigo e acrescentou que o sofrimento dos ciganos merecia mais atenção nos livros de História.

Passei todas as noites em Sighetu com Gicu, jogando cartas em um pub. Na última noite, ele foi me buscar no hotel e tinha a companhia de um outro rapaz que, tendo morado nove anos em Lisboa, falava bem português. Fomos caminhando e logo introduzi o assunto dos ciganos. Disse que não havia visto nenhum cigano naqueles três dias em Sighetu. "Como não?", disse Gicu. "Eles estão por toda parte". Começou então a apontar para cada pessoa que via pela rua. "Essa mulher é uma cigana", indicou uma bela morena, de rosto redondo e pela bronzeada, com um cabelo muito preto e escorrido. Ela se vestia bem, uma calça justa que destacava o corpo em forma, blusa de alça e saltos altos. "Ela é cigana?", me surpreendi. Ele confirmou, disse que a conhecia e seguiu no jogo de apontar ciganos e não ciganos. No caminho de seis ou sete quarteirões até o pub, e com a cidade já começando a ganhar o aspecto sempre desértico das noites de Sighetu, cruzamos com pelo menos seis pessoas que Gicu assinalou. Eles não se assemelhavam em nada à imagem que eu tinha de um cigano.

"A primeira coisa é o tom da pele", me disse Gicu. "Os ciganos são mais escuros, morenos." Eu observei que ele também era bem mais moreno que eu ou o outro companheiro. Seria ele cigano? Ele imediatamente disse que estava apenas queimado de sol. Ele continuou explicando que o cabelo cigano era muito, muito preto – bem mais que o dele, adiantou-se. Os dois seguiram falando sobre ciganos.

Me contaram um pouco da história, da leva de indianos mandados à Europa para trabalhar como escravos. Comecei a perceber que o entendimento que eles tinham de ciganos dizia respeito à raça, como negros, índios ou brancos, e não ao estilo de vida que eu relacionava aos ciganos, que para mim eram quase um grupo paralelo aos hippies. Pode parecer estúpido para quem conhece a história cigana, mas tenho certeza de que eu não sou o único que um dia pensou dessa forma.

Adepto às classificações, Gicu me contou então que há três tipos diferentes de ciganos: primeiro, há os ciganos que são muito dedicados ao trabalho e possuem um conhecimento técnico invejável, principalmente no trabalho com cobre e outros metais; o segundo grupo é o dos artistas, os ciganos que são músicos, atores, etc., e que passam a vida se dedicando a essa cultura folclórica; o terceiro é o dos que rodam o mundo sem destino, às vezes em caravanas, às vezes sozinhos em um carro, e que vivem de pequenos negócios e crimes. Esses, ele contou, não gostam de trabalhar e não são nada confiáveis. "Nenhum cigano é confiável", interveio o novo companheiro, "eles são um povo com uma mentalidade muito ruim". A conversa ganhou um tom mais sério e comecei a suspeitar de que os ciganos ainda eram problema para muita gente ali.

Descobri que em Sighetu há, sim, ciganos. Não tanto como no sul da Romênia, onde são mais numerosos e mais identificáveis. Para a minha surpresa, descobri também que as pessoas ditas não ciganas não se misturam com ciganos.

– Poderia ter um grupo de ciganos aqui no pub? – perguntei.

– Eles nunca viriam aqui – disse Gicu.

– Mas, se viessem – continuei –, seriam normalmente recebidos?

– Dependendo do tipo de cigano, sim – respondeu o amigo. – Mas não é um lugar para eles.

Gicu contou que os conhecia muito bem, pois crescera num lugar onde havia muitas famílias ciganas. Ele, quando criança, brincava com uma delas, disse, quase como se requisitasse um reconhecimento de grandeza por isso – ou pelo menos foi a impressão que tive. O companheiro já era menos receptivo. Sem se irritar, e até com humor, tentava fazer entender que os ciganos simplesmente são pessoas que devem ser evitadas. "Em qualquer lugar que um cigano estiver, eles vão dar um jeito de te roubar." Essa foi minha deixa para contar a recomendação que me foi feita na hora de cruzar a fronteira.

Peguei o trem em Baia Mare, após aguardar algum tempo numa estaçãozinha feia e aparentemente perigosa, pois havia muitos ciganos ao redor, sentados no chão ou pedindo esmola. Viajei sozinho no vagão, cansado e com a cabeça cheia. Incomodado por deixar os lugares por onde passava com mais perguntas que respostas. Eu havia acabado de passar por Debrecen, no meio da tarde, quando peguei o diário para a milésima leitura. Retive-me no ponto em que Horst anota ter passado por Debrecen, parecia uma cidade bonita. "Ontem eu passeei por Debrecen", ele escreveu no dia 22 de junho de 1946. Eu também passava por Debrecen. Li novamente. Senti um frio na barriga. Li outra vez. Só então me dei conta de uma distração. Horst *passeou* por Debrecen e não apenas passou. Eu seguia direto para Budapeste e teria de conviver com esse vacilo. Debrecen foi o único lugar onde Horst esteve e em que não pus os pés durante a viagem.

ST. VALENTIN, ÁUSTRIA. 30 DE MAIO DE 2016.

PASSEI UM dia em Budapeste, um em Viena e dois dias em St. Valentin. Horst apenas atravessou as capitais húngara e austríaca; de Viena seguiu mais algumas horas e foi despejado no lugarejo de nome romântico, ainda menor que Sighetu e já totalmente diferente do leste europeu. Meu hotel em St. Valentin ficava quase em frente à estação; tinha uma grande pintura na parede lateral, algo que parecia uma cena de baile, com mulheres em vestido de gala, pernas à mostra, homens fortes com o peito nu, sombras, bebida e animais. Encontrei a porta trancada, e demorou até que o dono aparecesse para me receber. Fui guiado até o quarto, no segundo andar, após um corredor com muitos quadros, tapetes vermelhos e papel de parede imperial. Não parecia haver mais ninguém no hotel.

Andei pela cidade. Não vi ninguém. Almocei em um restaurante na praça ao lado da igreja central e gostei; falei à dona que voltaria no dia seguinte para almoçar. Voltei no mesmo dia para jantar, no dia seguinte para tomar café da manhã e para almoçar novamente. Foi o único lugar aberto que encontrei. St. Valentin se parece mais com uma cidade do interior da Alemanha do que da Polônia, embora o vazio das ruas tenha me lembrado Sagan o tempo todo.

Durante a guerra, St. Valentin teve papel importante. Funcionava na cidade, disfarçada sob o nome de "OKH Fábrica de Brinquedos", uma grande fábrica de tanques de guerra do Terceiro Reich. Por isso, a cidade foi bombardeada em 1944. No pós-guerra, os vencedores ocuparam a Áustria, que, como a Alemanha, foi dividida em quatro territórios. St. Valentin ficou na parte soviética. Poucos quilômetros depois, um dos afluentes do Danúbio dividia a Alta e a Baixa Áustria, além de marcar o limite entre a área soviética e a americana. Em Enns, cidade a sete quilômetros de caminhada ou pouco mais de cinco minutos de trem de St. Valentin, Horst deve ter enfim embarcado na locomotiva americana que tanto esperava, embora não o tenha dito em seu diário.

Horst escreveu muito pouco sobre os sete ou oito dias que passou em St. Valentin. Em 26 de junho de 1946, registrou:

"Nós fomos desembarcados em St. Valentin. Fomos novamente alojados em um acampamento russo. A libertação é entediante."

Só seis dias depois, provavelmente ainda entediado, pôs de novo algo no papel:

"Ainda aqui. O lugar é bastante agradável."

E foi só.

Mas há de se entender o Brenke. Àquela altura, Horst já não tinha o principal incentivo para escrever: o medo da morte. A guerra havia acabado, ele não era mais um prisioneiro, estava a caminho de casa, a saúde estava melhor, não havia morrido e, ao que parecia, não iria morrer por aqueles dias. Muito pouco o instigava a escrever. Com isso, o marasmo trouxe certo esgotamento. Horst tinha papel para escrever, tinha tempo também, pois não trabalhou em St. Valentin, mas só foi escrever novamente no dia 5 de julho quando chegou à Itália.

Eu embarquei para a Itália na noite do segundo dia em St. Valentin. Passei por Udine, primeiro lugar em que Horst desembarcou. Estive por dois dias em Bolonha e, já no começo de julho, cheguei a Nápoles. Aversa fica a cerca de uma hora de trem e foi uma cidade cuja primeira impressão não me agradou. No entorno da estação ferroviária, Aversa me lembrava uma área qualquer de subúrbio de grandes cidades. Quando cheguei ao centro, no entanto, tudo mudou. As ruelas de pedra dispostas em círculos, os corredores sombreados, as casas com sacadas, a roupa secando nos varais, as motonetas zunindo, o charme típico das pequenas e antigas cidades da Itália.

O sanatório em que Horst viveu seus últimos dias de aventura ainda estava lá. Encontrei o casarão de dois andares pouco depois do centro, com o portão de sempre, o nome escrito sobre o ferro enferrujado. Sucumbia lentamente ao descaso. Estava abandonado.

O sol em Aversa castigava. O céu era de um azul irreal. Me explicaram que comemorava-se algum feriado, por isso as ruas estavam vazias. Caminhei por horas, sem destino. Tentava ver o que Horst tinha visto e que não foi parar no diário. Talvez fosse inútil, mas era bom tentar. Voltei para Nápoles e me peguei do mesmo jeito, observando o porto, como se tentasse ver o que Horst vira. A cidade abraçava o mar de um modo estranho, como que para reter quem tentasse partir. Foi o ponto final de minha viagem de quase dois meses e mais de seis mil quilômetros num trem por nove países e pela história de um homem que não conheci.

A história de Horst Brenke, essa parte de sua vida, entre os 18 e os 20 anos, é a história de uma geração de jovens. Nenhum evento da história recente mexeu tanto com o mundo e com tantas pessoas quanto a guerra. Centenas de brasileiros lutaram pelo lado alemão na Segunda Guerra Mundial. Quase todos, jovens nascidos no Brasil filhos de alemães, e que viajaram à terra dos pais entre 1937 e 1939. É possível que outros, como Horst, tenham sido prisioneiros russos.

Pelos registros soviéticos, 2,4 milhões de soldados alemães foram feitos prisioneiros durante a "Grande Guerra Patriótica". Esse número é certamente subestimado, pois não leva em conta os prisioneiros mortos no caminho ou durante o cárcere.

A maior parte desses prisioneiros só voltou para casa quatro ou cinco anos depois da guerra. Horst teve muita sorte. Foi liberado da Rússia em maio de 1946, muito antes dos outros, e tudo por causa de sua cidadania brasileira.

Horst foi um homem bem diferente no restante de sua vida. Era um sujeito calado, focado no trabalho e com pouco interesse pelo passado. Nunca contou da guerra para os filhos. Mauricio Brenck, o mais velho deles, me contou que vez ou outra seu pai o observava assistindo à série *Combate*, uma produção americana sobre a guerra que passou na televisão brasileira nas décadas de 1960 e 1970. Horst um dia se aproximou e disse que nada daquilo era muito verdadeiro. Ninguém ficava atacando, atirando e matando inimigos o tempo todo como na televisão. "A gente ficava de um lado do rio, os adversários do outro", ele teria dito. "De vez em quando alguém dá um tiro daqui ou de lá. Na maior parte do tempo não acontece nada."

Horst só conheceu a frente de batalha no período conhecido como "A Pausa". A maior parte desse tempo foi exatamente como ele contou ao filho que via televisão.

É curioso como a história da família de Horst foi acompanhada pela guerra. Wilhelm Birkenfeld veio ao Brasil depois de perder os três filhos na Primeira Guerra e de não ver perspectiva numa Alemanha afundada na depressão. Os pais de Horst voltaram para a Alemanha dezoito anos depois e, passados poucos meses, viram-se em uma nova guerra. Tentaram voltar, mas não puderam. Um dia, Richard e Horst se tornaram soldados.

Investigar a história de Horst Brenke foi um grande aprendizado. Infelizmente, deixou quase tantas perguntas quanto respostas. Eu nunca soube ao certo por que a família Brenke voltou para a Alemanha. Não consegui também descobrir como Richard foi parar na guerra. O mais provável é que tenha sido obrigado, mas várias vezes me passou pela cabeça que ele se alistou para ir atrás do filho.

Eu queria fazer tantas perguntas para Horst que não poderia nem numerá-las. A história contada neste livro é a melhor possível. Meu trabalho, por vezes, foi me convencer de que precisava aceitar o que não iria entender, os detalhes que não conseguiria alcançar. Tudo que foi possível descobrir está aqui e não há nada além disso. Todos os buracos são próprios da história mesma.

Um dia, Horst Brenke teve medo de morrer e começou a escrever. Sobreviveu, voltou para casa, guardou seu diário na gaveta e nunca mais mexeu. Depois de sua morte, passaram-se trinta anos até que alguém o lesse. Espero que ele não se importe de, por assim dizer, seguir vivo neste livro.

AGRADECIMENTOS

Agradeço muito a Ignez Brenck e Ricardo Brenck, por confiarem em mim, permitindo que eu contasse a história de Horst neste livro. Estendo o sentimento aos outros filhos e familiares. Devo demais a Maria do Carmo Brenke e seu marido, Paulo Rubens Pereira Diniz. Tanto os perturbei, com entrevistas sem fim, visitas que se repetiam, perguntas que tanto lhes exigiam, que os dois se tornaram meus amigos. Agradeço também a Flávio Vieira, José Pinheiro e Edmar Salles, por vasculharem a memória em busca do amigo Horst, em busca de conversas de décadas atrás. Muito obrigado a Victor e Sinhá, meus pais, pelo apoio; e a Bruna Ferrara e Luisa Damasceno, pela paciência.

Não sou capaz de agradecer o bastante a Peter Steger, em Erlangen; a Vitaly Gurinovich, em Vladimir; e a Gicu Manole e Ioan J. Popescu, em Sighetu Marmaţiei. Do mesmo modo, a Oleg Gureev, Piotr Stanek, Ute Schimidt, Alfons Rujner, Wolfgang Morel, Méri Frotscher Kramer, René Gertz, Michaela Stork, Débora Bendocchi, Victor Sterzik, Karla Guerra, Carina Von Bismarck e Arthur Guerra, sempre prestativos e gentis durante os quase dois anos de investigação. Fico feliz de ter encontrado José Eduardo Gonçalves, Arnaud Vin e Eduardo Soares durante a caminhada. Sou grato ainda pela ajuda dos amigos jornalistas Branco di Fátima, Diego Moura, Eduardo Murta, Gabriela Garcia, Guilherme Paranaíba Gouveia, Humberto Trajano, Laila Braghero, Lucas Pavanelli, Luiza Muzzi e Pedro Hilário.

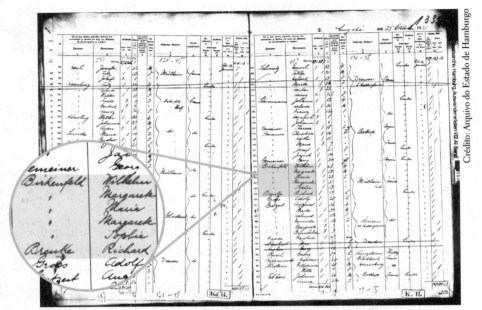

Lista de embarque do navio que trouxe a família Birkenfeld-Brenke para o Brasil, em 1921. O vapor *Cuyabá* deixou o porto de Hamburgo em 25 de outubro e atracou no Rio de Janeiro no dia 30 de novembro.

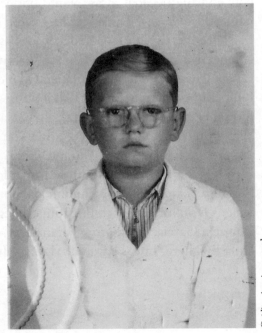

Foto do passaporte com que Horst embarcou para a Alemanha, em 1939.

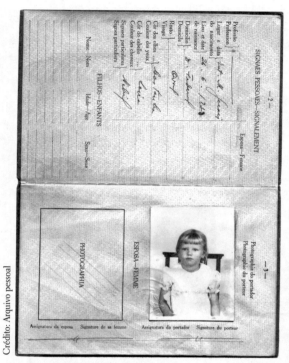

Passaporte de Maria do Carmo Brenke quando do embarque para a Alemanha, em 1939. A família partiu em 19 de janeiro e chegou ao porto de Bremerhaven em 7 de fevereiro.

Horst Brenke no colégio. Ele está na fila do meio, o terceiro da direita para a esquerda. Berlim, 1940.

Crédito: Arquivo pessoal

Diário que Horst Brenke manteve durante a guerra e no cativeiro russo.
Ele utilizou quatro tipos diferentes de papel. No primeiro, acima, uma agenda de
bolso alemã; abaixo, um caderno que ganhou na Áustria ou na Itália.

Crédito: Arquivo pessoal

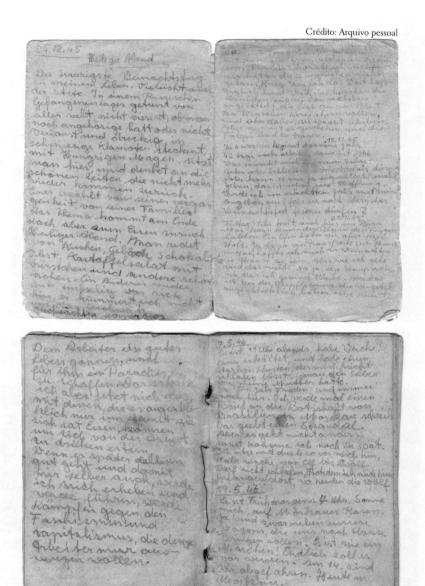

Mais amostras do diário de Horst. Acima, uma folha de papel dobrada em oito, retirada do Escritório de Construções Técnicas, em Vladimir, Rússia; abaixo, o tradicional diário de prisioneiros de guerra, feito com as duas folhas internas de um saco de cimento e costurada com pequenos pedaços de arame.

Campo de prisioneiros na Rússia, durante o inverno.
Provavelmente, a fábrica de tratores que alojou Horst em Vladimir, 1944-1949.

Vladimir, Rússia, 1945.

Vladimir, Rússia, 1946.

Vladimir, Rússia, 1945.

Desenho feito por Horst Brenke no caderno em que começou a passar a limpo seu diário. Representa a fábrica de tratores. Belo Horizonte, 1946-1947.

Postais enviados por Horst Brenke, da Itália, para a família em Berlim, 1946.

Crédito: Arquivo pessoal

Carta enviada por Rudolf Koch para Horst, agosto de 1946. Koch ainda estava preso na Rússia e acreditava que Horst estivesse em casa, em Berlim.

"S. U., em 22 de agosto de [19]46
n[o] a[campamento] 190/i.

Caro amigo Horst!

Você percebe do meu presente cartão que você ainda não foi esquecido. Tomate infiel que você é – ou não? Eu tinha esperança, esperança e aguardava. Infelizmente, até esta hora, em vão. No entanto, apesar de tudo, espero e desejo-lhe de todo o coração que você tenha passado bem por tudo, esteja ótimo de saúde e vá ao encontro de um futuro melhor.

Nós aqui praticamos intensamente esporte. A companhia e a equipe do acampamento correm de vitória a vitória. A alegria a respeito sempre é grande. Ela seria enorme, se pudéssemos apertar-nos as mãos em Berlim. Celebrar o reencontro deve ser lindo, lindo!

Horst, não nos esqueça muito rápido. Queira aceitar as melhores saudações. A você e, ainda que eu não os conheça, aos seus queridos/familiares tudo de bom e muito sucesso para o futuro.

Sem muitas palavras, você já entende e recebe as saudações do seu amigo."

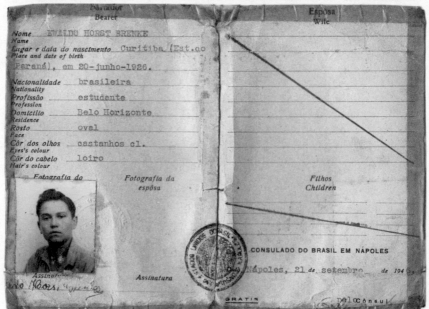

Passaporte feito na Itália, quando da volta de Horst ao Brasil.

Crédito: Arquivo pessoal

Bilhete do navio em que Horst voltou ao Brasil.
O vapor *Almirante Jaceguay* partiu de Nápoles no dia 24 de setembro de 1946
e chegou ao Rio de Janeiro em 19 de outubro.

IMUNIZATION RECORD- C/ID/150/9-A
CAMP _Aversa_

NAME _Ewoldo Horst Benke_ M F
BIRTHDATE _20.VI.26_ NAT _Paraguay_ HOUSE NO. _____

SMALLPOX: RESULT:	19/IX 46				
TETANUS					
TYPHOID	1/VIII				
TYPHUS					
DIPTHERIA					

M 1279 D Pc

Cartão de vacinação para embarcar de volta ao Brasil.
Aversa, Itália, setembro de 1946.

Crédito: Arquivo pessoal

Maria do Carmo Brenke, na Alemanha. Na foto acima, fazia poucos meses que ela chegara ao país. No alto, à direita, durante a guerra. Ao lado, o vestido verde foi costurado com a cortina da sala, contornando as dificuldades da época.

BRAZILIAN MILITARY MISSION

Berlim, 8 de Agosto de 1947.

Nº 1479

Exmo.Snr.
Horst Evaldo Brenke
Rua Goitacazes, 1468
Belo Horizonte/Brazil.

Respondo sua carta de 24-7-47.

A Missão está envidando esforços para conseguir a licença de saída dos seus parentes no mais curto praso possível.

Aconselho-o a depositar as passagens no Lloyd Brasileiro, afim de que êles fiquem em condições de viajar logo que obtenham aquela licença.

Major Rubens M. de Castro.

RMC/VS.

Carta da Missão Militar Brasileira em Berlim para Horst Brenke. Ele já estava no Brasil e tentava auxiliar no retorno da família.

Passaporte de Richard Brenke, quando do embarque de volta ao Brasil, em 1948.

Passaporte de Margarete Brenke. A família só conseguiu permissão para voltar ao Brasil mais de três anos após o fim da guerra.

Crédito: Arquivo pessoal

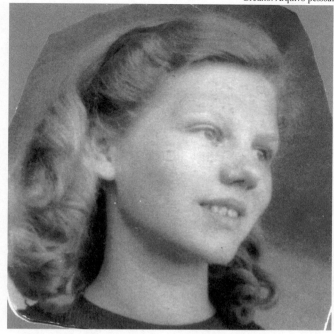

Maria do Carmo Brenke. Segundo ela, esta foto foi tirada no navio, durante a viagem de volta ao Brasil. Ela e seus pais tomaram o vapor *Santarém* em Hamburgo e chegaram ao Rio de Janeiro em 2 de fevereiro de 1948.

Crédito: Arquivo pessoal

Horst com os pais, em Belo Horizonte, início da década de 1950.

Crédito: Arquivo pessoal

Horst Brenke

Este livro foi composto com tipografia Electra LT Std e impresso
em papel Off-White 70 g/m² na Formato Artes Gráficas.